玩转带动唱

为培育积极心理品质的
班级管理增效赋能

林海健 ◎ 著

中国出版集团　现代出版社

图书在版编目（CIP）数据

玩转带动唱：为培育积极心理品质的班级管理增效
赋能 / 林海健著. -- 北京：现代出版社，2023.12
ISBN 978-7-5231-0597-9

Ⅰ. ①玩… Ⅱ. ①林… Ⅲ. ①班级—管理—研究
Ⅳ. ①G424.21

中国国家版本馆CIP数据核字（2023）第212971号

著　　者　　林海健
责任编辑　　朱文婷

出 版 人　　乔先彪
出版发行　　现代出版社
地　　址　　北京市安定门外安华里504号
邮政编码　　100011
电　　话　　(010) 64267325
传　　真　　(010) 64245264
网　　址　　www.1980xd.com
印　　刷　　北京政采印刷服务有限公司
开　　本　　710mm×1000mm　1/16
印　　张　　13
字　　数　　217千字
版　　次　　2023年12月第1版　2023年12月第1次印刷
书　　号　　ISBN 978-7-5231-0597-9
定　　价　　58.00元

目 录

上 篇 带动唱理论

下 篇 带动唱实践案例

上篇

带动唱理论

第一章

带动唱的定义

"带动唱"是指在某种场景下，利用歌曲中的歌词和主旋律，通过自编自创通俗易懂的简易手势，与参与者产生互动。主持人边唱边做动作，并结合夸张的肢体活动来解释及配合歌词，激发参与者的内需动力，使其产生同样的情绪感受，带动活跃现场气氛，愉悦身心，在寓教于乐和潜移默化中产生积极心理，借以表达内心情感，提升其积极乐观、健康向上的心理品质，缩短人与人之间的距离，增加感情的交流。其特殊的表演性和陶冶性深受参与者的喜爱，在学习、生活、自我意识、情绪调适、人际交往和升学就业等方面，具有广泛的教育应用和推广前景。以下为开展"带动唱"活动的要点。

一、带

（1）带动唱要在适时、适当的活动中使用。

（2）要依据对象选曲及选择动作的幅度，针对各阶层人士特点，掌握群众动力。

（3）动作要自然，不能太夸张或畏缩，并符合旋律，动作左右对称、上下协调。

（4）多提醒参与者对白、动作，适当增加感性、祝福、幽默的话语。

（5）如因怯场而忘记动作时，不要停下来，随机以其他动作递补，以免露出破绽。

（6）多说"我们"，少说"我"，少用命令、讽刺、批评的语言，多用鼓励与商量的语言。

（7）使用良好的音色及适当的音量。

（8）活动设计精致且系统化。

（9）开场白要自信、肯定，而不能畏缩迟疑。

二、动

（1）动作要讲清楚，示范动作要准确，举手投足要适切。

（2）唱跳动作幅度要大、要夸张、要由慢而快（慢易模仿）。

（3）事前进行自我训练，务必对活动内容演练熟悉。

（4）简易动作可直接带动，避免无谓的冗长示范。

（5）动作要自然，不能太夸张或畏缩，并紧跟旋律，动作要左右对称、上下协调。

（6）除传统性舞蹈外，只要不出其旨意，不一定要根据教材。

三、唱

（1）清唱：特指没有伴奏的、与参与者一起唱的音乐，最大的特点是利于对歌词进行再创作，如《幸福拍手歌》《新年好》。

（2）唱游：《落雨大》《月亮光光照地塘》《卖西瓜的张老伯》《打开蚊帐》《我有一头小毛驴》《青海青》《头儿肩膀膝脚趾》《泼水歌》《虹彩妹妹》。

（3）伴唱/卡拉OK：跟随音乐唱，按心情点歌，用歌唱代替分享，一般结营时使用为多，如《生日歌》《强》《永不退缩》《相信我们会创造奇迹》。

（4）随唱：以营造气氛为主，多见于开始时的欢迎式，一边听、一边拍掌、一边唱，节奏性比较强，如《啦啦爱》，用掌声欢迎参与者，又如《新年好》等。

（5）和唱：调动气氛，适用于煽情音乐或者营火晚会、需要参加者配合哼调的音乐，如《余烬》《通吧利通吧》等。

（6）听唱：诉情，例如听一首代表心情的歌，一般用在开营前作为背景音乐，调动现场气氛。

（7）唱跳：编舞时为多，往往和音乐的曲调情绪有关，以广场舞为主，有些是有指定动作的，如广播操、韵律操、《丰收乐》等。

（8）律动：具有互动性的童谣或儿歌，如《快乐的一天开始了》《泼水歌》《玛卡莲娜》《兔子舞》等。

（9）对唱：主持与参与者互动，变化可为掌声的节奏变化，又如音乐间奏的玩法等，如"砌葛隆咚喳"的玩法或者变化成"一闪一闪亮晶晶"的简谱。

（10）带动唱：为歌词配以适当动作，调动参加者情绪，增加对歌曲的理解，如《真心英雄》《月亮代表我的心》等。

实践证明，带动唱是一种效果最好、亲和力最强的团康活动，同时也是最难带领的团康互动环节，这是由于参与者都是以模仿带领者的方式进行互动，因此带领者必须是一个善舞者和爱舞者，通过边说边做，亲自示范，既可提高参与者的注意力，也能提高带领者在参与者心目中的地位。

第二章

带动唱领域中音乐的创新形式

一、歌唱活动的起源

歌唱活动是以音乐加上肢体动作来带动团体气氛的，是团体康乐活动中最常用的技巧之一。20世纪80年代初，在我国台湾有一位叫戴南祥的语文老师，他的班要表演一个诗歌朗诵的节目。如何让一首诗歌被孩子们喜欢、记住，并且能吸引学生呢？有一天晚上他在一个电视表演中获得灵感，决定在诗歌中加入一些简单的动作，但诗歌太短，如何增加可观性又是一个问题。后来他决定选用一首应景的歌将诗歌插入音乐间奏中。当天的表演取得了很好的效果，互动性很强，而且不受场地限制，覆盖面广，深受学生与老师的喜爱，结果一发不可收。后来他开始潜心研究，极力推广，在我国台湾地区掀起了一股热潮，连电视台也开始播放关于"戴动唱"的节目，甚至一度成为当地"春晚"的必选互动节目。后来，为了利于推广，"戴动唱"改为"带动唱"。

节目形式不久传至美国，美国康乐界每年均举办新游戏与活动发表会，因而这也风靡了整个康乐界。1985年，我国香港的康乐署也将此项技术引入。1997年，香港的伍建新博士，也是我的恩师，将此项技术正式引入广州市海珠区，海珠区由此正式成为内地团康活动的发祥地和发扬地。经过20多年的蓬勃发展，现在全海珠区的各学校都有团康的带领者和专家，可以说是遍地开花。伍博士所培养出来的带领者也不下10万人，每年的受益者更是达上万人次，关键是所传播的地域遍布全世界，用他的话说就是以前我们的团康是出口转内销，现在已经是内销转出口，让带动唱走出国门，引领、辐射世界。

二、新背景下的不同类型歌唱形式的创新与发展

以谷建芬的古诗词新学堂为首（带动唱类，强化了音乐间奏的内涵），如今更延伸到了使用经典咏流传（听唱，如谭维维的《墨梅》）、快闪（如《我和我的祖国》，属于和唱）、五十六朵花组合等。

带动唱不仅打破了时间上的限制，且许多歌曲都是流行歌谣，更打破了空间上的限制，传统团康活动面对二三百人的团体就显得有些吃力，而带动唱在良好的音响及扩音设备的辅助下，人数不受限制，即使五六万人也能达到高潮，得到很好的效果，让在场的人都投入，同时打破了年龄上的限制。人类都有律动的本能和欲望，正所谓闻歌起舞，所以只要有好的音乐和节拍，男女老少都比较容易被带动起来，促进身心的愉悦和积极的心理发展。

第三章

团体康乐带动唱技术的运用与选择

一、带动唱形式和歌曲的选择

（1）表演用带动唱：由主持人与小组导师一齐上台表演、示范，借此带动现场气氛，吸引参与者的目光，并用过渡语言调动参与者的积极性，由于动作要求华美复杂，初次接触的学员难以跟跳，所以遵循三个步骤：欣赏—动作示范与解说—带动参与，如歌剧类、相声类和小品类等都适用。

（2）带动用带动唱：由主持人依据参与者身份、主题和活动目标进行情景设定和组织过渡语，达成积极心理培养和品质塑造。一般按节奏和气氛分为动歌与静歌。

① 动歌：歌曲热情奔放，节奏与律动性强，歌词表达的主题思想清晰，充满斗志与希望，在带领时为了拉高情绪，所以带有一点儿快节奏，在编排动作时要注意动作简单、轻快有力，标志性动作明显，在带动时能与参与者进行即时互动，并能在带动时激发参与者的主动参与性，同时对积极心理产生正强化，让参与者能在熟悉的歌曲中同时产生共鸣并形成新的感悟和觉醒。动歌主要以《小苹果》《中国人》《燃烧我的卡路里》《青春修炼手册》为例，动作有力，让人振奋不已。

② 静歌：静歌的主要目的在抒情感人，压低气氛。相对动歌，其歌曲的选择要注意音乐旋律尽量抒情、感人，压低现场气氛，在编排动作时注意动作轻柔、缓慢，尽量与歌词的表意相融合，参与者能在互动中升华感悟，从而形成正面的、积极的心理。静歌主要以《月亮代表我的心》《感恩的心》《让我们荡起双桨》为例，动作慢，抒情，又让人感动，产生共情。

（3）歌曲的选择。

① 热身期。此时正值参与者之间刚刚接触，正处于认识团队与自我的萌芽阶段，所以内心和外在的表达往往存在焦虑不安、彷徨疑惑、对人拘束、防卫距离、模仿依赖的现象，因此要通过一些交互活动来打破这种隔阂。这时引入带动唱环节，通过有趣的、耳熟能详的儿童类歌曲进行唱游，能起到很好的作用，如《大白鹅》《小白兔》《我有一头小毛驴》《头儿肩膀膝脚趾》等，让参与者在不知不觉中拉近距离。

② 互动期。此时，参加者刚刚建立一个个新的小组，组员之间毕竟还是陌生的，需要了解，需要沟通，通过互动式带动唱让组员发展亲密互助关系，凝聚团体的向心力，逐步建立组员之间的信任，减轻焦虑程度，便显得相当重要。如《真心英雄》《海草舞》《从头再来》，也可以运用队歌创作等形式，凝聚一个团队的合作精神。

③ 凝聚期。大多数成员表现为接受、互动、平静、喜悦等正向的心理行为，需要进行团体的合作，通过互相支持与信任，协助成员完全释放。这时的歌曲便可以选用体验团队精神和团队一体感的歌曲，如《团结就是力量》《有用的人》《相信我们会创造奇迹》等。

④ 解难期。到了团体活动的后期，组员之间变得更加熟悉，相互之间的信任关系也得到了进一步的发展。此时要遵循人际交往由浅入深、由表及里的规律，通过活动增加成员之间的理解。通过发挥全组组员团结合作的精神，共同克服困难，组员之间的凝聚力变得更强，此时此刻支持和信任才是最重要的，所以在选歌方面也要注意选择主题鲜明的歌曲，如《听我说谢谢你》《感恩的心》《明天会更好》等。

⑤ 结束期。这时候设计者要重点整合成员参加活动后的心得与体会，要及时将成员的内心感觉、认知转化成具体行动计划并鼓励其实践，同时，迁移个人的学习行为于团体外的情境中。所以，在选歌方面也要注意选择主题鲜明的歌曲，如《友谊地久天长》《朋友》《生命有价》等。

从以上的表达当中，带动唱在各环节的实践与影响从简单的表格当中便可以看出：

团康带动唱在各环节中对积极心理的影响程度	
活动类型	所占比例
分享感受	★★★★★
热身破冰	★★★★☆
认识彼此	★★☆☆☆
沟通	★★★☆☆
信任建立	★★★☆☆
平等沟通	★★★★☆
决策 / 问题解决	★★★☆☆
积极心理	★★★★★
品格塑造	★★★★☆
★越多代表所占比例越高	

二、带动唱对参与者身心发展的促进

（1）用手势调动情绪情感

带动者通过手势的表达，让参与者根据音乐的关键语句进行同步的动作表达尝试调动情绪情感，促使他们更深入地理解作品。例如，用手臂伸展开来，指向远方，表示向远方寻觅、寻找梦想，将双手左右展开代表大地，用双手向前延伸的状态代表前进的方向等，从而起到抒情的作用。

（2）用表情唤起心理共鸣

带动者也要充分调动参与者的感官，让他们的表情变得更丰富，展现自己的内心情感。例如，在带动欢快的歌曲时面带笑容，在带动悲壮的作品时要表现出庄重和肃穆的表情等，从而更生动、完整地展现作品的内容，并形成共鸣。

（3）用带动唱来辅助展现作品内容

每一首音乐作品都有其不同的内涵表达，带动者要先行考虑参与对象、表达方式、场景和场地大小等，借以对编排动作难易程度进行选择，并在过渡与情景导入时衡量好这些歌曲是否有助于促进参与者的内心表达。当然，带动者在一些特殊的情景下，除了有自己的一些标准的手语动作，还可以让参与者结合歌词自主设计一些手势与动作，真正起到互动成长的作用。

综上所述，可以说，音乐本身的价值就是能让人在情绪上发生变化，而将其使用在积极心理的培养上，则是一种没有身份界限的康乐活动。

三、带动唱在团队建设中的其他功能

基于带动唱的适用范围广，群众乐于接受，所以它除了可以在日常生活中起到调剂生活、消除疲劳、表达思想和表现艺术的作用外，还有其他的显著作用：团结群众，万众一心；振奋人心，提高士气；掀起高潮，造成运动；调剂活动，产生康乐。

特别要强调的是，带动唱音乐的表达能诉诸心理、培养人格、促进脑力发展，给人梦想、希望和勇气，涵养、宣泄各种情绪，也起到了很好的心理治疗的作用，所以好的带动唱的歌曲选用，将对参与者产生多种影响，积极向上的歌曲有利于参与者的生命健康及前途发展，让其充满乐观与希望，产生奋斗的精神及勇气，并且可使团队产生协同一致的团结力量，有效地完成预定目标，进而使社会进步、国家强盛、民族兴荣。反之，如果歌曲的选用不当，则容易使参与者志气涣散、人格沦丧，而且造成团体的情绪低落、价值观混乱、性格偏激，影响社会的正常发展，因此要慎重。

四、带动唱活动与其他歌唱活动的异同

相同之处：需要参与者，要确定参与的对象；有时要借助一定的器材；要有一定的目的性。

不同之处：设定的目的不同，规则不同，检验的标准不同，实施地点和场地布局不同，表现方式不同。

（1）个人歌唱——一个人以有意的表演或无意的自娱而做的歌唱活动，需要更多的专业知识、设备和音乐素材。

（2）教唱活动——种有预订计划和内容、有指导者、有教学活动的歌唱活动，通常是正式安排时间于课程表中，参与者需要达到一定的教学目标，需要进行评价和考核。

（3）带唱活动——种随时随地、随兴而起，由一人（不必固定为某人）带领的歌唱活动，没有地点、人员、内容的限制，最能达到"康乐效果"的一项简易性歌唱活动，动作与情感更具随意性。

（4）合唱——音乐团体的专业活动，但是其他非音乐性社团为了特定的表

演也可以做。这是一种较为严肃的音乐活动。

（5）土风舞——土风舞着重在脚步，带动唱着重于上半身，尤其是手部的律动。土风舞着重队形，而带动唱绝大多数是不拘队形的个人动作。土风舞有统一的舞步，而且大多是经过公认的，不可随意删改，而带动唱一般而言尚未有统一动作，全由个人风格决定，当然带动唱在带领时要有好的灯光，视线不良会影响带动效果。

（6）手语歌——手语歌的每个动作都有其特定含义，严谨性强，而带动唱大多动作是抽象或半具体的。手语歌必须把歌词中的每一个字都比出来，而带动唱往往用同一个动作简化带过。所以，一般而言，带动唱不须事先讲解说明，而很容易带动起来，而且带动唱更注意对气氛的营造，有时候动作是与歌词无关的。

基于以上特点，本人进行了长时间的思考与探索，特别是在运用上可以说是如鱼得水，也有一些体会感受和大家共享。

（1）做任何事情、学任何东西都要专心，哪怕是一首歌、一个动作、一个眼神，都要专心去研究与理解。

（2）学技术一定要学会钻，善于运用自己的优势，不断深入探索和实践，要有一种水滴石穿的精神。

（3）要有创新意识，要学就先认真学别人的技术，然后再加上自己的理解，为自己所用，从而达到创新的目的。

（4）要坚持到底，顺其自然多一些，厚德的多一些，功利的少一些，随意的少一些。

（5）要有真情流露的表达，真正愿意以生为乐、以生为本，千万不要忘其所以。

（6）多留意身边一些相关的小细节，不一定要用专门的时间，一个电视节目、一份报刊、一个学生的早操和人群中的某一个动作都有可能成为你的优秀资源，特别是看跳广场舞的大爷大妈，可谓受益多多。

（7）一定要有自信。不管他信不信，你一定要相信自己，关键是你有足够的魅力和气场让他相信，反正他也不懂。

（8）一定要自我设定效果，想达到什么程度，要做到心中有数。

（9）要有对自我优势的发挥，在歌唱中多加入自己的理解。

（10）要反复练习，错而不乱，乱而有章。

（11）动作要有精神，参与者才有兴趣学习。虽然本人一再强调，带动唱的动作设计以幅度大为佳，但动作大不一定有精神。动作要扎实，即使抒情歌曲也要柔中带刚，而且动作要比歌词提早一点点出现，这样参与者才能恰好跟上歌词旋律动作，否则永远都是在追赶旋律。

（12）注意全身都要动。带动唱虽然着重于手部动作，但全身也要配合旋律做适当的摆动，否则只有手部僵化的动作是很难看的。带动唱本身并没有好坏之分，也没有对错之别，换句话说，只要求能把气氛带起来，而不必计较这动作是否和你所见过的一样，因为个人观点有别。

（13）带领者最好由右手开始做，提醒参与者做镜面的动作，这样促使参与者的动作比较统一，容易上手。

（14）带领者的嘴巴要不停地跟着音乐唱歌，这样参与者才有兴趣张嘴跟着唱。

（15）适时加入一些与主题相关的过渡语，在前奏、间奏时讲一些感性的话、祝福的话、幽默的话，这样能带动情绪。

第四章

带领"歌唱"的技巧

一、带动唱活动要符合"三合"法则

关于带领"带动唱"的技巧，可先由选择歌曲开始，选择歌曲要有"三合"，即"合人""合地"和"合时"。

带动者要注意根据对象选择教材，不要将动作设计得过于复杂，不要"手语"化，更不要强迫别人学习，也不要选一些传唱度不高，抑或方言过多，歌词既难懂又难学的外国歌曲，在编排动作时要好好查验某些动作是否有特殊含义，避免低级、带有其他负面信息的动作引起参与者反感。

（1）"合人"，既合自己，也要合别人，二者要兼顾，同时考虑参加者的年龄和文化水平。选择歌曲时，要选择一些适合参加者唱的歌曲，不要选一些音太高，抑或音太低的歌曲，可选一些比较中性的，使不擅长唱高音或唱低音的人都能掌握。如果能选定一些老少皆宜的歌曲，多个场合和多个主题内容都可以套用进去，如《月亮代表我的心》《真心英雄》《中华民族》《故乡的云》等。当然也要注意如果是由残障人员带领，不可选用其无法办到或参与的节目。

（2）"合地"，即选择歌曲时要配合地点，否则不仅与场合不匹配，而且还会开罪人。例如，在别人的丧礼上带唱，便千万不可唱《年年有今日》；又如要注意在西餐厅不要播放动歌；还要尽量避免在自己国家的庆典上选择他国的庆典曲目。

（3）"合时"，即选择歌曲要配合时宜。例如，在国庆活动中带唱，可选唱《我是中国人》《我有一颗中国心》等歌曲，这样不单配合时宜，而且更能带起国庆那种激昂气氛及身为中国人的骄傲。

有了以上"三合"，带领"带动唱"时必然会有意想不到的效果，更会事半功倍。带动唱如何做好，全靠个人的经验积累及不断学习和反复推敲，并将其运用于团体活动、土风舞中，提高活动的效果。

二、带动唱的一般带领技巧

带动唱并非正式的歌曲教学，而是在任意时刻、任意场合，适当地带领一个团体互动唱游。这样的活动运用在游戏进行中、活动进行中、坐车行船中、集会表演中、活动等待中等场合均十分恰当，其目的是可以营造或改变气氛，解除枯燥或冷场。值得提醒的是，如果是小的团体，不必使用麦克风与伴奏乐器，这样做更利于降低参与者的心理压力，同时有利于随时随地引起参与者的兴趣，这时候解说词也可以包含将要带动的歌曲的意义、产生的背景、作曲者、作词者、歌曲特色、歌词要点等，引发参与动机。带领者要做到：

（1）自我开放、投入、尽情（丑不怕，不怕丑）。

（2）自信、镇定。

（3）了解对象背景、年龄、性别、人数等。

（4）了解场地环境、器材、桌椅、布置。

（5）充分准备、说明清楚、先行练习、夸大动作（十六字真言）。

（6）避免冷场（①面向群众；②自愿参加）。

（7）要研究、创造、检讨、改进。

（8）随时开始，高潮结束。

带领者在带领唱和跳时不一定要歌声十分优美，因为可以用动作来吸引参与者，最主要的是整个气氛的带动及控制。当然，既然带动唱活动是一种"康乐"，首要目标就是追求健康和快乐，这也是符合积极心理预期的。因此，一些不健康且损人的活动一定要避免，如用"有只青蛙跳下水"的曲子配上"有个傻瓜跳河了"或"你是风儿我是沙"改成"你是疯儿我是傻"等。这些看似搞怪，但是消极的，积极的则是要选择一些具有教育意义的，如《好朋友》这首曲子可以通过互动游戏来进行，让参与者学会文明礼仪。另外，在不同的环境中，即便是同一首带动唱，也要依据不同辅导对象做动作上的改动，不断适应变化，把握创作方式，如果一直运用从来不曾更改，参与者容易疲倦，自己也少了带动的激情。

三、对选择之歌曲要有十分把握

（1）要了解歌曲之特色：①抑扬顿挫；②难处、易处；③容易错处。

（2）熟习歌曲：①曲头起唱；②分段起唱；③随时起唱。

选择歌曲后，便要熟悉那首歌曲，了解歌曲的抑扬顿挫、难处、易处及容易犯错的地方，对歌曲要做充分了解，包括该歌曲应如何带唱，以及练熟到可随时由"曲头起唱"、由"分段起唱"和由任何一句"随时起唱"。

但要谨记，切忌刚学会了一首歌曲，便立即进行带唱，这样只会影响带领的效果，而且出错的概率亦会大增，应反复练习至极纯熟才带。

四、让参加者熟悉歌曲，设计带领方法

1. 引起动机

略。

2. 练习方法（分段唱、分句唱、直接唱）

当对歌曲完全熟悉后，便要设计带领方法。首先，要激发参加者的动机。在带领唱歌之前，先用语言来吸引参加者，令他们有唱那首歌的动机。有了动机后，便要知道如何带他们练习。练习方式取决于歌曲本身的难度和参加者的年龄，如一些普通难度的歌曲对一些青少年或成年参加者来说通常都没有太大难度，可以先唱一次给他们听，第二次他们便能一起唱了，如《河边有只大白鹅》；但当面对一些年纪较小的参加者时，可能需要一句一句地教，小朋友才能吸收，如《小白兔》。

除此之外，对一些需要动作吸引的歌曲，可选择先由动作教起，用动作来吸引参加者有唱那首歌的冲动，这个方法将令参加者感到"带动唱"活动别有一番风味，更有不俗的效果呢！如《路边的野花不要采》《桃花朵朵开》《海草舞》《小苹果》《早安隆回》等动歌，可采用以下方法进行吸引。

（1）歌曲：全体分唱、轮唱、合唱或进行对抗，如《当我们同在一起》，一组唱，另一组喊："就是最棒的你。"

（2）拍手：依曲子的节拍速度配合拍手，以增添现场的热烈气氛和互动性。

（3）欢呼：在活动中穿插各种欢呼，使活动更具变化性，如在《欢迎歌》的每个句尾喊"嘿"字。

（4）动作：各种动作须配合节奏（二、三、四、六、九拍），依实际情况演练实习。

（5）游戏：可于活动中增加简易游戏，提升活动的热闹气氛，一般常见的为音乐游戏。

（6）诗词：常用于唱跳或带动唱，使参与者一边唱歌（游戏）一边学习，达到寓教于乐的效果。

五、运用过渡音乐

要懂得如何运用过渡音乐，就是能在歌曲没有歌词表达的过渡音乐时间说一段契合主题的话，这样在情景和情感表达方面能带给参加者不同的刺激，也能使参加者更投入。所以，带领者要知道歌曲的过渡音乐有多长，该段时间又能让带领者说多少句话，对时间的掌握要灵巧，不要让过渡音乐冷场，更不要在过渡音乐结束后话都还未说完。最理想的，当然是话刚刚说完，过渡音乐同时完结，新一段歌曲立即开始，这样便最完美了。但有一点要谨记：同一首歌曲每次播放都是同一段过渡音乐，但未必每一个场合都适用同一段语言，所以组织语言时要和选曲一样，都要符合"三合"，这样便能使整个"带动唱"生动不少！

值得提醒的是，也不是所有的歌曲都要在过渡音乐中用语言表达，还能以歌曲的歌词作为引语，通过再次呈现、强调、重复歌词内容，以达到与参与者共情的效果，如《有用的人》《阳光总在风雨后》等。

六、音量调节

适当调校音乐的音量和带领者带唱时是否使用麦克风都相当重要。在开始带唱时，可先将音量调高，而带领者亦可先用麦克风带领参加者起唱，待所有参加者都投入歌曲后，便可渐渐将音量调低，而带领者亦不宜继续用麦克风带唱，目的是希望参加者在唱歌时都能听得到自己的声音，使之更投入地去唱。当参加者发现自己的声量和带唱者是平等的，便更能引发起参加者的共鸣，如《月亮代表我的心》。

相反，如音响音量和带领者声量太大的话，反而会使参加者不愿去唱，渐渐失去唱歌的冲动。所以，在调校音乐方面，要先和音响控制员培养共识与默契，在每一个带唱活动前都要有充分的沟通，才能使"带动唱"进行得更顺利。

第五章

带动唱的动作的编法

一、选歌与编排动作的注意事项

1. 确立主题与音乐

（1）依据活动的主题找音乐。首先，要确定主题。这个舞蹈你想要表达什么，想要展现什么，什么是这个舞蹈的主题。这和写文章有异曲同工之处。然后要寻找合适的音乐编排舞蹈。

（2）依据音乐设定主题。有时，这两个步骤又是相反的。可能我们听到某首乐曲，有了创作舞蹈的冲动，然后根据这个音乐表现的主题编排舞蹈。

不管是哪种步骤，一定要注重主题的确定。一个没有主题的舞蹈，就像一篇没有中心思想的文章，是没有灵魂的。

2. 选曲的注意事项

（1）选用带领者比较熟悉的歌曲。如歌星的主打歌、广告歌曲、儿歌、童谣、流行的经典曲目等。原因是：比较好暖场，歌词方面也比较轻松，容易传唱，参与者也比较容易学会。

（2）充分考虑使用的范围。参加人群、使用时机、场地、音响设备是否允许；如果条件不允许，那最好的选择当然是清唱、唱游、和唱与对唱。

（3）主题要鲜明。任何歌曲的选取必须有主题思想，内容要健康阳光，符合参加者的身心特征。参加者从年龄上可分为未成年人与成年人，从传播对象方面可分为校园团体和校外团体，从职业身份上可分为体制内（含部队）和体制外。

（4）多听旋律、多看歌词。要以一个句子为单位，多联系生活场景进行想象，多假设情景，第一时间想到的就是最好的。

小技巧：多想象自己是个即兴演讲者，如果要强调某个词，会运用哪种姿态、心态，力度如何把控。

（5）选曲通俗而不低俗。歌曲选对了，带动唱就成功了一半，选曲要选大众熟悉的，但不可低俗。

（6）选曲尽量多选择好听的民歌及民谣，这类曲目比较不容易被时间淘汰。

（7）一般而言，音乐游戏及简易的趣味土风舞融合使用往往能让更多的人接纳，起到很好的作用，如《快快乐乐上学校》《丰收乐》等，也可以是前面带动唱，后面加上土风舞。

（8）带动唱是很有效的工具，但不是"万灵丹"，带动唱要与传统团康交互运用、相辅相成，才能产生更好的效果。

二、编动作的技巧

1. 依据主题和音乐确立带动的氛围

带动唱的编排动作要干净利落，且要活泼、有趣、优美，但不要太复杂、太难，更不要拖泥带水，以免参与者无所适从，当然，歌曲的选择与动作拍数要符合，例如四拍歌曲不要配上三拍的动作，这是基本常识。

风格：决定一首歌的风格，可以由歌曲本身听起来的感觉，以及使用时机来决定，风格大概可以分为可爱型、玩耍型、活泼型、动感型、舒缓型、情怀型……

2. 依据主题和音乐确立语言与语调

（1）语速的快慢；

（2）声调的高低；

（3）情绪调动的升降。

3. 多听旋律、多看歌词

要找准这首歌所要表达的意境和情感，在歌词上找到感觉，并设想相关的情景。

（1）以句子为单位；

（2）多联系生活场景；

（3）强调力度和动作的幅度；

（4）了解歌曲特色：①抑扬顿挫；②难处、易处；③容易错处。比如，将我国台湾的民谣《动物神操》修改成"请你跟我这样做"的互动游戏，边唱边做出不同的几个动作如拍手、跺脚、拍肩、点头等，可以设计一些有趣的小动物动作和有趣的夸张动作。当然也可以根据主题内容，适时加入敬礼与踏步、问好与弯腰等组合动作。

4. 即兴唱跳练习

刚开始的时候，可以一边听歌，一边随性地动，也就是所谓即兴唱跳；等跳个两三遍，把一些比较好的动作留下来，修正一些动作，这首唱跳就大致编好了。

5. 头部动作练习

头方位：

（1）同一方向的左摆右摆上下摆；

（2）不同方向的左扭右扭左右抬。

6. 手部动作练习

即根据歌词具体内容选择适合的手势动作。在实际演唱中，歌唱者通过应用合理的手势实现对自身情感的表达。例如，在歌曲的高潮部分，通过高举、张开双手的方式起到较好的情绪调动效果。

掌方位：

（1）同一方向向外不同角度的摆；

（2）相对方向的不同角度的顶、叉；

（3）单手拳头不同角度的顶。

拳方位：

（1）同一方向不同角度的冲、挺、顶；

（2）相对方向的不同角度的顶、叉；

（3）单手拳头不同角度的顶。

指方位：

（1）雨；（2）露；（3）花；（4）草；（5）星；（6）泪；（7）风。

7. 臀部动作练习

摆动的方位：

（1）左右扭动（尽量避免前后摆动）；

（2）顺、逆时针转圈；

（3）左、右顶臀。

8. 脚部动作练习

摆动的方位：

（1）左右移步；

（2）左前右前跨步；

（3）左右挪步。

9. 音乐间奏的动作练习

最后，要注意的是间奏的动作，要注意拍子节奏有没有抓住。然后加上必要的技巧动作。这里要强调的是，不是每个舞蹈都需要技巧展示。不合理的技巧展示不仅不会增加舞蹈的质量，反而会降低舞蹈的观赏性，也会损害舞蹈的连贯性。

10. 试跳

把间奏部分以及主歌部分统合起来，完整地跳一次，修一修有空拍或是节奏不和的地方。

摆动的动作：

（1）是否存在连贯性；

（2）是否能进一步简单化，并且不影响表达；

（3）是否有利于加入生活场景。

11. 修正动作

对着镜子修正自己的动作，或是请人一起做，把自己的动作修正到最完美，使正式带动跳时带出来的感觉达到最好。在排练中修改。接下来，就需要在排练的过程中不断地进行修改了。因为有时候想象中的动作通过舞者的排练会展露出一些问题。如舞者不能胜任这个动作或这组动作、想象中的顺畅连接在实际中不能实现等。好的舞蹈其实都是在不断修改中逐步完善的。编排老师自身进行完善和修改以外，同时也可以邀请其他老师或者外面一些舞蹈老师来观看并提出意见。可以通过以下方法进行完善：

（1）对着镜子做；

（2）请人一起做；

（3）考虑参加人群，将动作修到最大化；

（4）确立招牌动作，要精致，符合歌曲风格。

一首歌一定有一个部分属于招牌动作，这个动作非常重要，务必编得精致，符合歌曲风格。找到合适的音乐之后，教师们常常会陷入无动作填充舞蹈的困境。这个时候，我们需要确定一个或几个主题动作。这个主题动作既可以从舞蹈的主题上来确定，也可以是来自对音乐的感受。切忌没有主题动作地想到一个动作又一个动作单纯串联起来，这样不仅创作出来的舞蹈会空泛，而且舞蹈也缺乏连贯性和可看性。

12. 习旧创新

并不是不准创新，而是创新必须在旧的基础之上，如果压根不知道旧的是什么，谈什么创新？创新了半天还是和旧的"不谋而合"。

所以已经有固定版本的带动唱，就去学习，这样一来，不但多学了一个带动唱，日后去创编新的带动唱时也可以有个模板。

（1）在有旧版本的情境下进行二次创作；

（2）要有自己的风格；

（3）处理好歌词、音乐和动作之间的优先关系，哪一个优先要看个人的经验和爱好。但歌词优先最有利于提高参加者的参与度。

在"带动唱"过程中，节奏先导又可以与歌曲音乐、舞蹈及语言三者形成相互贯穿联动。例如，在讲解切分节奏的过程中，教师就可以利用切分节奏来设置小游戏，以某一个四小节节奏的歌曲段落为例：教师就可以将其创编为"音乐语言说+跑跳"的综合形式，强调以动作来带动节奏感，如"走走、跑跑、跳跳、扭脚了、走走"，借助这一段落来训练，让参与者重复简单的音乐动作，以培养他们的韵律感、节奏感。

第六章

设计带领（教唱）技巧的一般流程和注意事项

一、设计带领（教唱）技巧的一般流程

1. 引起动机（暖场）

技巧：讲一个关于要教唱的这首歌的小故事，且最好契合这首歌，如教《看海的日子》时就说一些浪漫的故事，激发参与者的兴趣；教《真心英雄》时说一些成龙成长过程中的小故事，激发参与者情怀。其实，故事讲得好可以激发参与者的兴趣，新手不妨考虑；但是，如果一个营队中，你的个人魅力已经塑造成功，伙伴只要看你上台就会集中注意力的话，故事倒是可以省略不讲。

2. 引出歌词

简要说一说这首歌的创作背景、歌词寓意、个人感悟。

3. 简单介绍自己

适当将自己夸大成一名歌星或属于某个合唱团体，一分钟到两分钟，如"我的最佳搭档姓伍，我姓林，所以大家都喜欢叫我们伍林出家队（加招牌动作）"；又如"西方合唱团""动力脚踏车""生锈钢铁侠二重唱"等。

4. 念词

带领伙伴把歌词念一遍，这是为了防止有些人看不到投影，如果大家的视野都不错，可以省略。

5. 试唱

带领者先唱一次给底下的伙伴听，其中可以引出要掌声的方式。

6. 教唱

看一下底下的伙伴对这首歌的反应，再加以教唱。

可以分为两种方式：伙伴大多不会，可以两句两句地唱，配以一段一段的教唱。

伙伴大多会，或是歌曲简单，可以一起唱两到三次，使原本不会的跟着一起唱，一直到学会。

熟悉类：直接带动与互动

不熟悉类：先教唱后带动

（1）分段唱；

（2）分句唱；

（3）直接听唱。

7. 变化

当底下的伙伴都会了之后，就可以依照这首歌的特性选择几种教唱技巧，对歌曲加以变化，使伙伴对这首歌能记忆深刻。

改词（改成爆笑版）、变速（抒情版以及快乐版）、对唱（增添美感）、拍手（呼应节奏）、歌曲呼应（类似的歌曲合并相连）。

8. 结尾

大多唱完最后一遍之后，加以鼓掌或以欢呼的形式结尾，特殊的情况下还可以清唱最后一句歌词，然后一起做一个标志性动作，以烘托现场气氛，让参与者的情绪得到提升。

二、设计带领（教唱）技巧的注意事项

1. 服从主带者

如果有一人以上的人要做带动唱，为了达到动作一致，通常会选出一个主带者，大家以他的动作为准。因为人非圣贤，万一忘了，也无法要求大家临时编的动作全部一样。这时由主带者来编，大家都以他的动作为准，以达到整齐划一的目的。可是如果主带者在表演时忘了动作，即使你记得，也不可以固执地做正版的动作，要服从主带者，大家屈就他的动作以求一致，这样才是好的集体带动唱。

2. 熟悉整首歌的编曲及节奏分布，不要过分依靠投影

自己一定要对这首歌很熟，无论是歌词、节奏还是旋律等，不要过分依靠投影。

3. 过渡词要掌握节奏

歌曲段落或各首歌曲之间的过渡词，要注意掌握节奏，相机而作。

4. 注意脸部的表情和肢体动作的大小

即根据歌词的内容与情感做出适当的眼神与表情动作。如在节奏和内容都十分欢快的乐曲的演唱中，歌唱者要面带微笑，双眼发出喜悦的目光。而在唱伤感的歌曲时，则需要表现出一定的痛苦、伤心表情。通过应用恰当的肢体语言以及与歌曲优美的旋律搭配，以更为完整、生动的方式实现作品的演唱，并通过情感内容的正确表达同观众产生共鸣，该种方式非常适合应用在部分安静、抒情的歌曲中，如《雪绒花》以及《爱的奉献》等。

5. 眼神要环扫全场

这样做让人感觉到你在随时关注他们。

6. 善于使用行为语言

在带领中，可以根据需要使用大动作、小动作、眉目传情等。例如，当带领者希望参加者都能唱得更大声、更投入时，可用手放在耳侧做一做"听"的手势，参加者看到后很自然地会唱得大声一点儿，因为他们知道，带领者正在聆听他们的歌声。

7. 气氛带动

"带动唱"的整个程序分为"融冰期""升温期""高潮期""再高潮期""结束期"。

在带唱一开始时，切忌播放一些太激烈的歌曲，应选取一些较温和、舒缓的歌曲，慢慢将参加者带入状态，当参加者进入状态后，可带领一些节奏较轻快的歌曲，使参加者的情绪逐渐提升，接着便可带领一些气势激昂的歌曲，令活动进入高潮，经过接二连三的激昂歌曲，将活动及参加者的情绪推至高潮中的高潮，一直到活动完结前再安排一两首柔和一些的歌曲为止最好。

8. 音量的控制

（1）煽情的语言通过音量来控制；

（2）适当调校音乐的声量，配合主持者的过渡语；

（3）适当使用话筒/不使用话筒；

（4）适当开声带唱/不开声带唱。

第七章

"带动唱"在各领域中的渗透应用

一、在学科教学中

作为一种新型教学方法，带动唱要注意以了解参加者的年龄特点和心理特征为基础，来激起学生的学习兴趣和乐趣，弥补传统课堂教学气氛沉闷、参与度不高、学习效率低下等不足；以中小学各学科教学情感目标的培养为突破口，以教学某个环节为切入点，适时融入带动唱，扫除学生的学习障碍，提升学生情感，深化学生的思维过程，其主要体现在以下环节：

（1）教学前的热身，有助于提升学生的专注力，拉近师生心理距离，如把"带动唱"作为体育课前、综合实践活动前的热身运动之一，激发学生运动的积极性和提高他们的参与度，使热身环节方式多样化。

（2）教学中的互动，能调动学生的积极情绪，活跃课堂气氛。把"带动唱"融入课堂中，如语文的古诗词朗诵和情景剧表演、英语的单词及句子背诵等，通过让学生对肢体语言进行编导和运用，帮助学生加强记忆和理解，改变以往传统的读、背等较为单一、枯燥的方式，培养他们的创新思维意识和勇于表达自我的信心，使课堂更具新颖性和趣味性。

（3）教学结束前的总结，让教学中的情感目标得到升华。例如，在不同学科中学生把所学的知识点和情感进行融合，通过"带动唱"的方式进行表达，如音乐课上的唱跳结合的展示汇报，是一种注重发挥学生主体性的教学方式。

（4）阶段性分享与评价，通过歌词带动学生的情感，在分享与明理中引导学生进行情感锤炼与升华，重构学生的世界观、人生观和价值观，促使学生的新认知、新意志得到接纳和认可，形成健康的、积极向上的优秀品质。

总之，当带动唱教师形成个人魅力、教学风格后，将大大增强学生对本学科的认同感，对班风和学生的整体精神气等都将产生积极的影响，为学校的良好校风、班风和学风的形成奠定良好的氛围基础。

二、在团体建设活动中

"带动唱"可在团体心理辅导中正确运用，通过丰富的表现形式，有助于提高团体心理辅导的效果，促进班级文化建设，起到催化的重要作用。

1. 暖场的催化剂

"带动唱"运用在团体心理辅导开始阶段，通过热身与互动，能营造出轻松、愉悦的团体心理辅导氛围，使参与者的情绪和身心得到放松，拉近学员之间的心理距离，促使学生积极主动地参与其中。例如，运用《当我们同在一起》《美好祝愿》等唱游歌时，边唱边进行游戏，通过拍两下手掌、拍两下大腿、做两个手碰肩膀的动作，以及拍两下参与者的大腿、拍两下参与者的肩膀、参与者左右击掌等动作，进行互动。

2. 放松身心的催化剂

"带动唱"能使学员从紧张状态松弛下来，达到缓解压力、减轻焦虑的目的，形成一种激励、振奋人心的力量，这就是团体心理辅导中音乐放松疗愈的一种形式。如使用音乐节奏来形成独特的掌声。《虹彩妹妹》这首歌，旋律比较特别，我们便可以先教唱，然后用掌声拍出节奏，最后变成独特的爱的鼓励掌声。又如《伊比亚亚》这首曲子，先教唱，然后改一改歌词（伊比压压、伊比捏捏、伊比掐掐等）进行互动。

3. 增进人际关系的催化剂

在带领者正面积极的过渡语引导中，提高学员的自信心，塑造学员的良好人格品质。如通过做人浪的《青海青》进行互动传达友谊。

4. 活跃现场气氛的催化剂

"带动唱"在活动结尾阶段，能让学员之间的情感得到升华，增强学员的集体认同感、归属感，增强团队的凝聚力。例如用《从头再来》《蜗牛》等歌曲提高参与者士气，唱着《团结就是力量》来进行猜拳等。

三、在各类主题教育中

不同于普通教学，"带动唱"在主题教育活动中能调动参与者的情绪，让参与者的感情得到升华。例如，以国庆节等重大节日为契机，开展爱国主义专题教育，选取如《我和我的祖国》《我是中国人》这些励志歌曲，歌曲本身就很有导向性，带动者能在带动唱中通过穿插在其中的生动语言和表演动作来牵动参与者的爱国情怀，激发参与者的使命感。通过带动者过渡语的切入和教育情境的设置，正确引导学生从"积极"的角度出发，用积极的视野对人、事、物进行感知和认识，激励学生积极、乐观地看问题，培养积极的心理品质。

以"带动唱"的方式培养学生积极心理品质，打破了传统说教式、灌输式的课堂教学模式，其以培育学生积极心理为目标，并应用于不同的情境中，是当前广大中小学生喜闻乐见的团体心理健康教学模式，能有效促使学生在唱跳中释放情绪情感，促进学生积极心理品质和美德的形成，同时能对班级文化建设产生积极、深远的影响。

"带动唱"在学校教育管理、学生健康心理、班级文化建设和德育工作等其他方面也有积极作用。

随着教育理论和实践的不断发展，学校在教育管理中会依据办学理念进行以班集体为基点的一系列目标、制度、文化、心理实践，并通过某些手段和方法来提高基础教育人才培养目标，提高未来公民的社会适应性及综合素养。团体心理辅导发源于心理治疗领域，这种依据社会心理学和心理咨询学理论的特殊方法因其独特的方式与高效的作用，也被大力推广到学校教育、家庭教育和社区工作领域当中。团体心理辅导将成为一种十分有效的班级文化建设的方法和途径，带动唱在运用中能促进学生个体与其他成员建立良好的互动关系，并善于运用团体成员之间的相互影响，创设团体氛围、觉察成员的心理变化、掌控成员之间互动的方式等，有效地带领团体发展，促进成员成长，帮助学校实现教育目标、增强育人功能和提升领导者管理水平。

1. 加强在学校管理方面的育人功能

带动唱在提高中小学育人功能中的健康积极心理和激发内驱力等方面具有特殊作用，只要合理运用，注重其科学性，并达到使用时的条件，积极地与其他育人方式相结合，必能在实现科学育人、提升学校教育管理水平方面起到引领的作用。当然，带领者一定要经过不同程度的专业训练，根据自己的工作性质、工作需要和工作目标来进行不同层面的工作，在引导参与者时要营造安全的人际氛围以打开成员的内心世界，触动较深的情感体验，才能帮助学生满足归属需要，让学生从"小我"发展到"大我"，体验社会价值，为将来的社会生活打下坚实的心理基础，学校在教育管理中也可以将学生的爱集体、爱学校深化到爱国家、爱社会当中。

2. 提高学校学生健康心理管理水平

心理健康是现代人健康的重要指标，它不仅与人们日常行为和个性特征密切相关，甚至很大程度影响人们的身体健康状况，是一个人维持生存质量、生活幸福、学业和事业成功的重要前提。团体心理辅导下的带动唱在帮助维护和提高学生心理健康水平方面有着特别重要的作用：一是在成长性辅导活动中，可以通过带动唱让学生学会表达需要和满足自我，增强自我价值感，提升自信，消除交际交往中的消极情绪，促进自我接纳，调整认知偏差，改善不良行为；二是在矫治性辅导活动中改善特殊人群的心理和行为，在宽松互动的环境中，针对不同的学生群体，根据其行为和心理特点，掌握学生知、情、意、行等不同方面的特点和需要，通过各种练习，设计不同的场面，带动不同的感官，来触发成员的各种感觉、情绪、思维和行动，吸引成员的参与，协助成员自我表达和探索，促进成员思考和领悟，促进团体成员消除心理障碍。

3. 提升班级文化建设和德育工作管理效能

带动唱通过身体运动、语言表达、情感认知、身体接触等来增强彼此的信任和沟通，以获得感受、思考和领悟，带动学生的思考、体验和行为改变，促进学生个性的自我管理与完善，学会如何认识和对待自己、如何建立和维护人际关系、如何学习、如何规划自己的生活、如何进行时间管理等，在积极心理状态下，维护集体的核心利益，推动班级文化的建设，促进学校形成良好的校风，大大促进班级的团结和学校德育工作的创新。

下 篇

带动唱实践案例

第八章

带动唱在教学中的运用与范例

范例一：下雨了

教学步骤：

（1）教师鼓励并启发儿童演出幅度、力度、速度合适的动作，分别表现"大雨"和"小雨"，并引导儿童相互观摩、相互学习表演动作。

（2）教师弹奏歌曲旋律，儿童根据歌曲前奏的强弱暗示，随音乐有节奏地模仿"大雨"和"小雨"的动作。

（3）教师带领儿童边唱边有节奏地表演动作。

范例二：《两只小象》

教学步骤：

（1）教师出示两只"小象"，边进行情境表演边讲述：

"两只小象河边走，咦？它们在干什么……""扬起鼻子勾一勾。"

"它们勾鼻子的样子就像一对好朋友见面……""就像一对好朋友，见面握握手，握握手。"

（2）教师边表演边朗诵儿歌，鼓励儿童跟随念诵。

（3）"它们还在唱呢！"教师边操作"小象"边范唱。

（4）启发儿童用两个手指扮"小象"，探索勾手的方法。

（5）教师边演唱边做动作，在"勾一勾"处，模仿儿童的某个勾手动作。

（6）儿童借鉴教师的表演动作，边玩手指游戏边学习演唱，在"勾一勾"处做出不同的勾手方法。

范例三：《小狗抬轿》

教学步骤：

（1）教师组织儿童有感情地演唱歌曲。

（2）教师组织、引导儿童自由地结合成三人小组，自己创编三人配合的歌曲表演动作（两人扮小狗，一人扮老虎）。

（3）教师播放录音歌曲配合全体儿童的自由结伴表演（儿童自行协商角色分配）。

（4）教师组织交流：轮流邀请志愿的小组或有独创、配合好的小组为大家表演。教师组织儿童相互提出优点，创造机会让大家相互模仿，然后再鼓励儿童交换伙伴，进行新一轮的自由表演。

范例四：社会主义核心价值观的动作设计

富强：秀肌肉的动作，表现强壮，引申为富强。

民主："OK"的手势表示同意，体现尊重人民意见，而不独断专行。

文明：作"嘘"的手势，也表示有可行有不可行。

和谐：两手垂直反向相握，因为一个人比较难做到这个动作，所以是由两个人做的，表示两种思想交握在一起体现和谐兼容。

自由：源自手影中鸟的动作，以飞翔的鸟儿象征自由。

平等：五指放平，表示平等；自虚空伸出，就像是造物者的手，意味着众生平等。

公正：一手握拳放于另一掌，给人公正平稳、不偏不倚的感觉。

法治：手握法官锤。

爱国：双手将红心捧在胸口。

敬业：表示"加油""好好干"时向天空伸出拳头。

诚信：拉钩钩。

友善：握手。

在新时代教育背景下，要想发挥好学生管理工作的教育辅助作用，就应结合先进理念，优化教育管理模式，将团体心理辅导纳入学生管理体系、班级文化建设、学校教育教学中，对丰富管理内容、提升管理效率十分必要。其中，带动唱"团体化"的主要特征就是针对集体人群进行统一性教育和管理，具有显著的管理优势。能在学生管理工作中发挥教育和发展的功能，既培养学生积极心理又解决学生心理问题，既对学生的"三观"发展进行正确的指导又促进其健康成长。有效避免了学校教育管理中制度固化、行为规范形式和内容单调、学生普遍缺乏积极性的被动教育。以团体心理辅导形式出现的带动唱更加灵活，注重互动性和创新性，新颖的教育形式突破了传统说教式管理的限制，可促进学生自主研学，积极参与教育活动，在思政教育工作中可促进教育模式的转型。例如，在新的班级建立中，教师可以在班级中开展一些有趣的热身游戏环节，消除学生的不安心理，为之后班级学生的和谐相处奠定基础。

在学校心理健康教育管理中，教师可在心理健康课堂上，采用团体心理辅导的形式，加入典型性强的带动唱环节，切实帮助学生提升心理素质；在学生管理队伍建设中，为了发挥管理队伍的作用，学校需要对其进行教育和培训，更新教师思想，向教师传播团体心理辅导先进理念和带动唱应用技能，以便教师在实际工作中能灵活运用，以正确的方法调节心情，以积极乐观的心态开展教育工作，避免为学生带来不利影响；在学生锻炼交际能力及实践能力方面，教师通过组织班级学生编演积极心理品质塑造方面的"心理小剧"，以有趣的实践形式引发学生以新的思路进行思考、互动，促使学生之间敞开心扉，说出自己的烦恼，达到催化的作用。实际上，同龄人之间能更好地理解对方，并且可以给对方提出宝贵的意见，当学生获得了同龄人的支持，其自信心也会提升，还可以增进彼此之间的关系。

综上所述，从学校学生教育管理工作现状以及学生发展特征来看，开展团体心理辅导下的带动唱活动势在必行。因此，学校和教师应注重对团体心理辅导方式的有效开发，结合管理经验及新时代育人要求，探索先进的教育和管理手段，充分探究带动唱的优势，实现学校的教育教学高质量发展。

第九章

24项积极心理品质的经典带动唱编舞范例

第一专题 智慧和知识

品质1：创造力

星星点灯

活动类型：带动唱

活动形式：全体

所需器材：音乐《星星点灯》

活动目的：

（1）引导学生不能在气馁、彷徨和无助时停下脚步，要克服这些困难并坚持自己的梦想，这样我们才不会迷失方向。

（2）人生漫漫，不能因为一点挫折而让自己放弃梦想或理想，如果没有梦想或理想我们的生活将会失去色彩。奔跑吧！少年！未来是属于我们的！加油！

导语：

同学们，漫漫人生路，不如意者十有八九。只有在拼搏的过程中，不断坚持，不断进取，不断超越，才能让我们的人生道路更加宽阔，才能让我们的生命更加美丽、绚烂。我们的人生需要亮点，而这些亮点需要有梦想才能点燃。为了我们燃烧的青春岁月，奔跑吧，亲爱的同学们！

♪ 前奏动作：跟随音乐拍手。

歌词：抬头的一片天是男儿的一片天

动作：抬头，双手向上举高（重复两次）。

歌词：曾经在满天的星光下，做梦的少年

动作：双手举起做洒水动作，双手合十放在右边脸颊。

歌词：不知道天多高，不知道海多远

动作：右手向上伸，左手向前伸。

歌词：却发誓要带着你远走，到海角天边

动作：右手做一个牵手动作，双手向前张开。

歌词：不负责任的誓言，年少轻狂的我

动作：双手交叉放在胸前，做一个酷的姿势。

歌词：在黑暗中迷失才发现自己的脆弱

动作：双手遮住眼睛，然后搭在肩膀。

歌词：看着你哭红的眼睛想着远离的家门

动作：双手握拳放在眼睛下方，回头向后看。

歌词：满天的星星请为我点盏希望的灯火

动作：双手举起洒水，然后放在胸前，手掌向上。

歌词：星星点灯照亮我的家门

动作：双手举起做洒水动作，然后画一个方框。

歌词：让迷失的孩子，找到来时的路

动作：双手交叉放在胸前，左手手指做一个走路姿势。

歌词：星星点灯，照亮我的前程

动作：双手举起洒水，然后向前张开。

歌词：用一点光，温暖孩子的心

动作：左手五指聚拢，右手摆在胸前。

歌词：现在的一片天，是肮脏的一片天

动作：双手伸掌，掌心向上，右手食指转一圈，双手交叉摆在胸前，左手食指转一圈。

歌词：星星在文明的天空里，再也看不见

动作：双手举起洒水，然后遮住眼睛。

歌词：天其实并不高，海其实也不远

动作：右手向上，然后双手交叉放在胸前；左手向前伸，然后双手交叉放在胸前。

歌词：人心其实比天高，比海更遥远

动作：做心形动作，右手向上伸，左手向前伸。

歌词：学会骗人的谎言，追逐名利的我

动作：一手五指并拢成尖形，以腕部转动过后双手食指搭成"人"字形。随后另一手伸出拇指、小指，坐于另一手掌心上，然后往前缓慢伸出。

歌词：在现实中迷失才发现自己的脆弱

动作：双手交叉放置于双肩，右手指尖放在左手掌。

歌词：看着你含泪的离去，想着茫茫的前程

动作：双眼目视前方，慢慢摇头。

歌词：远方的星星请为我点盏希望的灯火

动作：双手交叉放于胸前，身体微微向右后靠，闭上眼睛。

歌词：星星点灯，照亮我的家门

动作：双手举起洒水，然后向前张开。

歌词：让迷失的孩子　找到来时的路

动作：双手抱住自己，做拥抱的动作。

歌词：星星点灯，照亮我的前程

动作：双手举起洒水，然后向前张开。

歌词：用一点光，温暖孩子的心

动作：左手五指聚拢，右手摆在胸前。

歌词：多年以后一场大雨惊醒沉睡的我

动作：面带微笑，右手向下，左手指向自己。

歌词：突然之间都市的霓虹都不再闪烁

动作：双手在胸前摇手。

歌词：天边有颗模糊的星光偷偷探出了头，是你的眼神依旧在远方为我在等候

动作：双手做开门动作，头侧向右边。

歌词：星星点灯，照亮我的家门

动作：双手举起洒水，然后向前张开。

歌词：让迷失的孩子，找到来时的路

动作：双手抱住自己，做拥抱的动作。

歌词：星星点灯，照亮我的前程

动作：双手举起洒水，然后向前张开。

歌词：用一点光，温暖孩子的心

动作：左手五指聚拢，右手摆在胸前。

插语：

我们要对未来充满憧憬，只有在拼搏的过程中，不断坚持、不断进取、不断超越，才能让我们的人生道路更加宽阔，才能让我们的生命更加美丽、绚烂。

结语：

同学们，前进的道路上充满未知，但是我们不要放弃自己的梦想和理想，幸福的道路上充满困难，我们的人生需要亮点，而这些亮点需要我们拥有梦想才能点燃。

预设效果：

通过带动唱，告诉同学们只有在拼搏的过程中不断坚持，不断进取，不断超越，才能让我们的人生道路更加宽阔，才能让我们的生命更加美丽、绚烂。

小苹果

活动类型：带动唱

活动形式：全体

所需器材：音乐《小苹果》

活动目的：

（1）引导学生进入活动状态。

（2）帮助学生进行活动热身。

（3）促进学生融入集体，让氛围融洽起来。

导语：

同学们，让我们伸出双手，拥抱太阳。友谊不能靠嘴说，而是需要我们打开心扉！为了自己的快乐，为了伙伴们的梦想，为了我们的青春岁月，燃烧吧，亲爱的同学们！

让新时代的我们，用热情感染身边的小伙伴，让我们一起用《小苹果》把热情带给大家！

前奏动作：双脚踏步。

歌词：我种下一颗种子，终于长出了果实，今天是个伟大日子

动作：双脚踏步，左手往右手塞入，手放在背后，右手做花在胸前，双手竖大拇指（做两次）。

歌词：摘下星星送给你，拽下月亮送给你，让太阳每天为你升起

动作：双脚踏步，左手右手两边采摘，双手给予动作（做两次）。

歌词：变成蜡烛燃烧自己，只为照亮你

动作：双脚踏步，双手合掌放头顶，双手做花，指指对方（做两次）。

歌词：把我一切都献给你，只要你欢喜

动作：双脚踏步，双手胸前做心，向前送出。

歌词：你让我每个明天都变得有意义

动作：双脚踏步，双手胸前做鼓励动作。

歌词：生命虽短，爱你永远不离不弃

动作：双脚踏步，双手摆动，双手在胸前击掌四下（不离不弃）。

歌词：你是我的小呀小苹果儿，怎么爱你都不嫌多

动作：双脚踏步，双手指对方做出苹果的动作，左右律动。

歌词：红红的小脸儿温暖我的心窝，点亮我生命的火火火火火

动作：双脚踏步，双手围脸画圈，左手握拳紧贴胸前（喊出"火火火"）。

歌词：你是我的小呀小苹果儿，就像天边最美的云朵

动作：双脚踏步，双手指对方做出苹果的动作，上下律动。

歌词：春天又来到了，花开满山坡，种下希望就会收获

动作：双脚踏步，左手做山，右手在胸前做波浪。

歌词：从不觉得你讨厌，你的一切都喜欢，有你的每天都新鲜

动作：双手竖起拇指指指对方，双手举高伸直至耳朵旁。

歌词：有你阳光更灿烂，有你黑夜不黑暗，你是白云我是蓝天

动作：双手竖起拇指放胸前上下移动4拍，双手展开画圆。

歌词：春天和你漫步在盛开的花丛间

动作：缓慢向前伸出双手做花（三拍），缓慢回放至心上。

歌词：夏天夜晚陪你一起看星星眨眼

动作：缓慢向前伸出双手做星，手合拳打开（三拍），缓慢回放至心上。

歌词：秋天黄昏与你徜徉在金色麦田

动作：双脚快速小步踏，双手做自由泳动作，左右移动。

歌词：冬天雪花飞舞有你更加温暖

动作：双脚踏步，双手做飘落，双手指向对方（喊出"更加温暖"）。

歌词：你是我的小呀小苹果儿，怎么爱你都不嫌多

动作：双脚踏步，双手指对方做出苹果动作，左右律动。

歌词：红红的小脸儿温暖我的心窝，点亮我生命的火火火火火

动作：双脚踏步，双手围脸画圈，左手握拳紧贴胸前（喊出"火火火"）。

歌词：你是我的小呀小苹果儿，就像天边最美的云朵

动作：双脚踏步，双手指对方做出苹果的动作，上下律动。

歌词：春天又来到了，花开满山坡，种下希望就会收获

动作：双脚踏步，左手做山，右手在胸前做波浪。

插语：

生活是平淡的，让我们永远记住平平淡淡才是真，这样你的生活就会多彩，你的烦恼就会消失。平平淡淡的日子，还没有品味出其中的滋味，不经意间就已从手边滑过，如一杯冷却的白开水，无甜也无涩。

结语：

昨天已经成为过去，今天在我们手里，明天需要我们去创造。作为新时代的我们，正值青春年华，处于成长、求学、认知、创造奇迹的黄金时期。为此，我提议：从今天开始，不，从现在开始，树立远大志向，把热情带给身边更多的人！

预设效果：

通过带动唱，调节现场活动气氛，从热身做起，培养学生活动氛围。

品质2：热爱学习

开学第一课

游戏类型：带动唱

活动形式：全体

所需器材：音乐《开学第一课》

活动目的：

通过带动唱，激发学生的学习热情，让学生在新学期能以积极的态度投入学习中，并产生战胜困难的勇气与决心。

导语：

同学们，我们的基因里写着责任和担当，血液里流淌着家国情怀，我们是中华儿女，也愿向前辈学习，传承发扬红色精神，学本领、强身心、健体魄，少年强则国强，未来属于我们！

♪　前奏动作：双脚并拢，双手合拢在脸的右侧做睡的动作，跟着音乐双手缓缓向上绕圈。

　　歌词：你醒来时候，问候你好

　　动作：双手合拢从脸的右侧到左侧，腿轻微向下弯曲抖动，双手展开，左手放在大腿侧，右手在胸前做问候动作。

　　歌词：升起的阳光，哼着歌谣

　　动作：右手先抬起，然后左手抬起做出太阳动作，身体向右侧转动，右手做喊话动作后，身体向左侧转动，左手做喊话动作。

　　歌词：心情像彩虹，缤纷舞蹈

　　动作：双手交替翩翩起舞从右到左半圆弧度，双手分开放大腿两侧，右脚向外45°向前踮脚收回，左脚向外45°向前踮脚收回。

　　歌词：你我的脸上，写满微笑

　　动作：双脚合拢，双手从里向外做"请"的动作，双手食指在脸的两侧画圈圈做可爱的动作。

歌词：相同的呼吸，相同心跳

动作：右手在胸前做半心，左手在胸前做半心，然后和右边连起来，从右到左做心跳动作。

歌词：敞开心去看幸福环绕

动作：右手在胸前做环抱的动作，左手放于背后，然后左手在胸前做环抱的动作与右手呼应上下抖动，双脚做走路动作。

歌词：放飞你的梦，不怕山高

动作：双手做两只蝴蝶从右往左飞的动作。

歌词：勇敢做自己，就是最好

动作：右手展开做出大力士动作，左手放于背后，然后左手展开做出大力士动作与右边相呼应抖动，两个拳头向里互碰后展开，放于大腿两侧。

歌词：成长的路上，总有一些烦恼

动作：右手与左手交替向上做爬天梯动作后，身体抖动，双手分别在耳朵旁转圈。

歌词：与伙伴一起享受爱的拥抱

动作：右手在胸前做环抱的动作，左手放于背后，然后左手在胸前做环抱的动作与右手呼应上下抖动，双脚做走路动作。

歌词：校园的花草，一同长高

动作：双手从右到左做弹琴的动作，双手在胸前交叉后向上展开于身体两侧45度。

歌词：开学第一课，用心起跑

动作：双手在右侧做上课举手动作后到左侧做同样的动作，双手在胸前做大力士动作后展开，在头顶做大爱心手势。

伴奏：身体轻微左右摇晃做小鸭子动作摆动。

歌词：相同的阳光，相同照耀

动作：右手先抬起后左手抬起做出太阳动作，双手在头顶从右到左做闪闪发光动作。

歌词：与伙伴一起，爱的拥抱

动作：手脚一起做奔跑动作，在头顶做爱心后在胸前做拥抱动作。

歌词：校园的花草，一同长高

动作：双手从右到左做弹琴动作，双手在胸前交叉后向上展开于身体两侧45°。

歌词：相同的呼吸，相同心跳

动作：右手在胸前做半心，左手在胸前做半心，然后和右边连起来，从右到左做心跳动作。

歌词：敞开心去看幸福环绕

动作：右手在胸前做环抱的动作，左手放于背后，然后左手在胸前做环抱的动作与右手呼应上下抖动，双脚做走路动作。

歌词：放飞你的梦，不怕山高

动作：双手做两只蝴蝶从右往左飞的动作。

歌词：勇敢做自己，就是最好

动作：右手展开做出大力士动作，左手放于背后，然后左手展开做出大力士动作与右边相呼应抖动，两个拳头向里互碰后展开，放于大腿两侧。

歌词：成长的路上，总有一些烦恼

动作：右手与左手交替向上做爬天梯动作后，身体抖动，双手分别在耳朵旁转圈。

歌词：与伙伴一起享受爱的拥抱

动作：右手在胸前做环抱的动作，左手放于背后，然后左手在胸前做环抱的动作与右手呼应上下抖动，双脚做走路动作。

歌词：校园的花草，一同长高

动作：双手从右到左做弹琴的动作，双手在胸前交叉后向上展开于身体两侧45°。

歌词：开学第一课，用心起跑

动作：双手在右侧做上课举手动作后到左侧做同样的动作，双手在胸前做出大力士动作后展开，在头顶做大爱心手势。

伴奏：身体轻微左右摇晃做小鸭子动作摆动。

歌词：相同的阳光，相同照耀

动作：右手先抬起后左手抬起做出太阳动作，双手在头顶从右到左做闪闪发光动作。

歌词：每一次鼓励，温暖的怀抱

动作：右手在胸前做环抱的动作，左手放于背后，然后左手在胸前做环抱的动作与右手呼应上下抖动，双脚走路动作。

歌词：相信你会变成我的骄傲

动作：右手在胸前做竖大拇指的动作，左手放于背后，然后左手在胸前做竖大拇指的动作与右手呼应上下抖动，双脚走路动作。

歌词：开学第一课，爱的筑造

动作：双手在右侧做上课举手动作后到左侧做同样的动作，双手在胸前大力士动作后展开，在头顶做大爱心手势。

歌词：成长的路上，总有烦恼

动作：右手与左手交替向上做爬天梯动作后，身体抖动，双手分别在耳朵旁转圈。

歌词：与伙伴一起奔跑，爱的拥抱

动作：手脚一起做奔跑动作，在头顶做爱心后在胸前做拥抱动作。

歌词：校园的花草，一同长高

动作：双手从右到左做弹琴的动作，双手在胸前交叉后向上展开于身体两侧45°。

结语：

奋斗正青春，一起向未来。少年兴则国兴，少年强则国强。我们要树立理想，确定奋斗目标，勇于担起创造中国未来的责任和使命，为实现中华民族伟大复兴的中国梦贡献自己的力量。

预设效果：

通过带动唱，激发学生的学习热情，培养乐观、自信、感恩、沟通、分享、宽容与奉献的品质，培养积极的人格，并敢于直面困难，一起携手创未来。

祖国的花朵

活动类型：带动唱

活动形式：全体学生

所需器材：音乐《祖国的花朵》

活动目的：

（1）通过带动唱，使学生身心得到放松，情绪得到宣泄。

（2）树立学生自信心，激发学生斗志。

（3）激发学生对美好生活的向往，培养积极乐观的心态。

导语：

"沿着前人脚印走路的人，永远留不下自己的脚印。"爱因斯坦的话告诉我们，作为新时代的青年，不给自己设限、永存创新精神是探索新时代的望远镜，勇敢超越自我，终身奋发向上是攀上新高峰的登山杖。

吾辈当自强，作为新时代的中国人，我们要积极面对生活，不放弃希望与梦想，让我们拿起望远镜，带上登山杖，看得更远，走得更高，成为引领中国迈入新时代的先锋青年！

同学们，你们是祖国的花朵，未来是属于你们的，努力吧！

前奏动作：左臂屈肘放于胸前；右臂屈肘放于胸前；双手向上抬起缓缓落下；右臂屈肘抬起做握拳加油姿势。

歌词：我们是祖国的花朵

动作：左臂屈肘放于胸前，双腿弯曲；右臂屈肘放于胸前，双腿弯曲；左手手掌打开放于脸颊处，双腿弯曲；右手手掌打开放于脸颊处，双腿弯曲。

歌词：阳光下尽情唱着歌

动作：身体向左倾斜；左手放于脸颊呈"呼叫"姿势，右腿右手随之向后摆动伸直；身体向右倾斜，右手放于脸颊呈"呼叫"姿势，左手左腿随之向后摆动伸直。

歌词：看我们幸福的生活

动作：身体向左倾斜，左手放于额头呈"眺望"姿势，右腿右手随之向后摆动伸直；身体向右倾斜，右手放于额头呈"眺望"姿势，左手左腿随之向后摆动伸直。

歌词：像花儿五彩的颜色

动作：双腿做跑步状，双手交叉摆动；向下呈45°伸直手臂放于大腿侧，双手打开，左右歪头。

歌词：我们是祖国的花朵

动作：左臂屈肘于胸前，双腿弯曲；右臂屈肘于胸前，双腿弯曲；左手打开放于脸颊处，双腿弯曲；右手打开放于脸颊处，双腿弯曲。

歌词：请你要好好爱护我

动作：左臂屈肘向左呈"邀请"动作；右臂屈肘向右呈"邀请"动作；双手交叠放于胸前，轻拍一下。

歌词：像热爱山川的辽阔

动作：右手放于腰部，左手手掌打开于胸前，向左打开呈"邀请"动作；右手随之打开向右呈"邀请"动作。

歌词：和美丽的江河

动作：双手手臂向下；腿部弯曲向下；双手缓缓向上；双臂屈肘于胸前呈"握拳"姿势相碰；双手手臂伸直向上打开至头顶，缓缓落下呈45°伸直手臂放于大腿侧。

歌词：清晨的阳光照耀我

动作：双手手掌打开举过头顶，向左向右缓缓摆动。

歌词：午后的露珠滋润我

动作：双手手掌打开向右呈45°方向；伸直手臂，手掌打开向左上方；腿部弯曲，双手缓缓向右落下。

歌词：傍晚的微风轻抚我

动作：双手手掌打开举过头顶，向左向右缓缓摆动，腿部左右踱步。

歌词：每一天成长都快乐

动作：右手放于腰部，左手手掌打开于胸前，向左打开呈"邀请"动作；右手随之打开向右呈"邀请"动作；双臂屈肘胸前呈"握拳"姿势相碰；双手手臂打开向上伸展，缓缓落下。

歌词：我们是祖国的花朵

动作：左手屈肘放于胸前，双腿弯曲；右手屈肘放于胸前，双腿弯曲；左手手掌打开放于脸颊处，双腿弯曲；右手手掌打开放于脸颊处，双腿弯曲。

歌词：阳光下尽情唱着歌

动作：身体向左倾斜；左手放于脸颊呈"呼叫"姿势，右腿右手随之向后摆动伸直；身体向右倾斜，右手放于脸颊呈"呼叫"姿势，左手左腿随之向后摆动伸直。

歌词：看我们幸福的生活

动作：身体向左倾斜，左手放于额头呈"眺望"姿势，右腿右手随之向后摆动伸直；身体向右倾斜，右手放于额头呈"眺望"姿势，左手左腿随之向后摆动伸直。

歌词：像花儿五彩的颜色

动作：双腿做跑步状，双手交叉摆动；向下呈45°伸直手臂放于大腿侧，双手打开，左右歪头。

歌词：我们是祖国的花朵

动作：左臂屈肘放于胸前，双腿弯曲；右臂屈肘放于胸前，双腿弯曲；左手手掌打开放于脸颊处，双腿弯曲；右手手掌打开放于脸颊处，双腿弯曲。

歌词：请你要好好爱护我

动作：左臂屈肘向左呈"邀请"动作；右臂屈肘向右呈"邀请"动作；双手交叠放于胸前，轻拍一下。

歌词：像热爱山川的辽阔

动作：右手放于腰部，左手手掌打开于胸前，向左打开呈"邀请"动作；右手随之打开向右呈"邀请"动作。

歌词：和美丽的江河

动作：双手手臂向下；腿部弯曲向下；双手缓缓向上；双手屈肘于胸前呈"握拳"姿势相碰；双手手臂伸直向上打开至头顶，缓缓落下呈45°伸直手臂放于大腿侧。

歌词：青春的岁月像首歌

动作：双手手掌打开举过头顶，向左向右缓缓摆动，腿部左右踱步。

歌词：青春的颜色红如火

动作：双手手掌打开向右呈45°；双手伸直手臂，手掌打开向左上方；腿部弯曲，双手缓缓向右落下。

歌词：青春的梦想记心中

动作：双手手掌打开举过头顶，向左向右缓缓摆动，腿部左右踱步。

歌词：青春的回忆不褪色

动作：右手放于腰部，左手手掌打开于胸前，向左打开呈"邀请"动作；右手随之打开向右呈"邀请"动作；双臂屈肘，手掌打开放于胸前；双手手臂伸直向上打开至头顶，缓缓落下呈45°伸直手臂放于大腿侧。

歌词：我们是祖国的花朵

动作：左臂屈肘放于胸前，双腿弯曲；右臂屈肘放于胸前，双腿弯曲；左手手掌打开放于脸颊处，双腿弯曲；右手手掌打开放于脸颊处，双腿弯曲。

歌词：阳光下尽情唱着歌

动作：身体向左倾斜；左手放于脸颊呈"呼叫"姿势，右腿右手随之向后摆动伸直；身体向右倾斜，右手放于脸颊呈"呼叫"姿势，左手左腿随之向后摆动伸直。

歌词：看我们幸福的生活

动作：身体向左倾斜，左手放于额头呈"眺望"姿势，右腿右手随之向后摆动伸直；身体向右倾斜，右手放于额头呈"眺望"姿势，左手左腿随之向后摆动伸直。

歌词：像花儿五彩的颜色

动作：双腿做跑步状，双手交叉摆动；向下呈45°伸直手臂放于大腿侧，双手打开，左右歪头。

歌词：我们是祖国的花朵

动作：左臂屈肘放于胸前，双腿弯曲；右臂屈肘放于胸前，双腿弯曲；左手手掌打开放于脸颊处，双腿弯曲；右手手掌打开放于脸颊处，双腿弯曲。

歌词：请你要好好爱护我

动作：左臂屈肘向左呈"邀请"动作；右臂屈肘向右呈"邀请"动作；双手交叠放于胸前，轻拍一下。

歌词：像热爱山川的辽阔

动作：右手放于腰部，左手手掌打开于胸前，向左打开呈"邀请"动作；右手随之打开向右呈"邀请"动作。

歌词：和美丽的江河

动作：双手手臂向下；腿部弯曲向下；双手缓缓向上；双臂屈肘于胸前呈"握拳"姿势相碰；双手手臂伸直向上打开至头顶，缓缓落下呈45°伸直手臂放于大腿侧。

伴奏动作：双手向下伸展呈45°于大腿侧；左右歪头。

歌词：我们是祖国的花朵

动作：左臂屈肘放于胸前，双腿弯曲；右臂屈肘放于胸前，双腿弯曲；左手手掌打开放于脸颊处，双腿弯曲；右手手掌打开放于脸颊处，双腿弯曲。

歌词：阳光下尽情唱着歌

动作：身体向左倾斜；左手放于脸颊呈"呼叫"姿势，右腿右手随之向后摆动伸直；身体向右倾斜，右手放于脸颊呈"呼叫"姿势，左手左腿随之向后摆动伸直。

歌词：看我们幸福的生活

动作：身体向左倾斜，左手放于额头呈"眺望"姿势，右腿右手随之向后摆动伸直；身体向右倾斜，右手放于额头呈"眺望"姿势，左手左腿随之向后摆动伸直。

歌词：像花儿五彩的颜色

动作：双腿做跑步状，双手交叉摆动；向下呈45°伸直手臂放于大腿侧，双手打开，左右歪头。

歌词：我们是祖国的花朵

动作：左臂屈肘放于胸前，双腿弯曲；右臂屈肘放于胸前，双腿弯曲；左手手掌打开放于脸颊处，双腿弯曲；右手手掌打开放于脸颊处，双腿弯曲。

歌词：请你要好好爱护我

动作：左臂屈肘向左呈"邀请"动作；右臂屈肘向右呈"邀请"动作；双手交叠放于胸前，轻拍一下。

歌词：像热爱山川的辽阔

动作：右手放于腰部，左手手掌打开于胸前，向左打开呈"邀请"动作；右手随之打开向右呈"邀请"动作。

歌词：和美丽的江河

动作：双手手臂向下；腿部弯曲向下；双手缓缓向上；双臂屈肘于胸前呈"握拳"姿势相碰；双手手臂伸直向上打开至头顶，缓缓落下呈45°伸直手臂放于大腿侧。

歌词：我们是祖国的花朵

动作：左臂屈肘放于胸前，双腿弯曲；右臂屈肘放于胸前，双腿弯曲；左手手掌打开放于脸颊处，双腿弯曲；右手手掌打开放于脸颊处，双腿弯曲。

歌词：阳光下尽情唱着歌

动作：身体向左倾斜；左手放于脸颊呈"呼叫"姿势，右腿右手随之向后摆动伸直；身体向右倾斜，右手放于脸颊呈"呼叫"姿势，左手左腿随之向后摆动伸直。

歌词：*看我们幸福的生活*

动作：身体向左倾斜，左手放于额头呈"眺望"姿势，右腿右手随之向后摆动伸直；身体向右倾斜，右手放于额头呈"眺望"姿势，左手左腿随之向后摆动伸直。

歌词：*像花儿五彩的颜色*

动作：双腿做跑步状，双手交叉摆动；向下呈45°伸直手臂放于大腿侧，双手打开，左右歪头。

歌词：*我们是祖国的花朵*

动作：左臂屈肘放于胸前，双腿弯曲；右臂屈肘放于胸前，双腿弯曲；左手手掌打开放于脸颊处，双腿弯曲；右手手掌打开放于脸颊处，双腿弯曲。

歌词：*请你要好好爱护我*

动作：左臂屈肘向左呈"邀请"动作；右臂屈肘向右呈"邀请"动作；双手交叠放于胸前，轻拍一下。

歌词：*像热爱山川的辽阔*

动作：右手于放腰部，左手手掌打开于胸前，向左打开呈"邀请"动作；右手随之打开向右呈"邀请"动作。

歌词：*和美丽的江河*

动作：双手手臂向下；腿部弯曲向下；双手缓缓向上；双臂屈肘于胸前呈"握拳"姿势相碰；双手手臂伸直向上打开至头顶，缓缓落下呈45°伸直手臂放于大腿侧。

插语：

同学们，"一代人有一代人的长征，一代人有一代人的担当"。过往几代青年，皆以梦为马，以肩担道义，以不断探索中华之脚步，铸就了如今这伟大的时代。青年的发展应该与时代同向而行，同频共振，时代昂扬向上的曲线，就是中国青年的生命轨迹。

结语：

我们生在红旗下，长在春风里，我们是祖国的花朵，国家的栋梁，少年强则国强，愿我们在未来成长的道路上，前程似锦，不负韶华。

预设效果：

通过带动唱，激发学生的青春活力，培养欢乐活泼的性格，形成积极乐观的心态，引导学生对美好生活充满赞美和向往。

品质3：好奇心

何家公鸡何家猜

活动类型：带动唱

活动形式：全体

所需器材：音乐《何家公鸡何家猜》

活动目的：

（1）引导学生用自然的声音，学会广州童谣《何家公鸡何家猜》。

（2）通过歌唱和音乐游戏，使学生感受广州童谣独特的韵味与魅力，从而激发他们对乡土文化的热爱之情。

（3）通过各种音乐活动，提高学生自主学习的能力，培养学生的合作精神及表现能力。

导语：

小朋友们，《何家公鸡何家猜》这首歌是老师小时候经常听的歌曲，今天就带着你们一起进入动物的世界，跟着老师的动作一起动起来！

前奏动作：随着音乐身体自然摆动。

歌词：真怪诞呀又有趣，你望望公园里

动作：双手做花儿的动作放在脸的两侧，然后左手放在额头前。

歌词：有四百只公鸡咯咯咯，是何家的不知道

动作：左手伸出四根手指，然后右手做数字零的手势，最后双手掌心向上

放在胸前两侧，表示不知道。

歌词：何家公鸡何家猜，何家小鸡何家猜，何家公鸡何家猜

动作：双手叉腰抬腿跳，双手跟随节奏击掌，身体跟着摆动。

歌词：何家母鸡谁知道

动作：双手掌心向上放在胸前两侧，表示不知道。

歌词：猴子哥哥熊先生

动作：右手放在额头前，头从左转到右；然后双手握拳放在胸前，脸部微笑。

歌词：松鼠妹妹牛叔叔

动作：双手做花儿的姿势放在脸的两侧，然后双手做六的手势放在头顶。

歌词：黄狗爸爸羊妈妈

动作：右手手指从内往外扩张，身体左摇右摆。

歌词：来猜来猜唷

动作：双手上下摆动，做出波浪起伏的样子，先从左到右再从右到左。

歌词：真怪诞呀又有趣，你望望公园里

动作：双手做花儿的动作放在脸的两侧，然后左手放在额头前。

歌词：有四百只公鸡咯咯咯，是何家的不知道

动作：左手伸出四根手指，然后右手做数字零，最后双手掌心向上放在胸前两侧，表示不知道。

歌词：何家公鸡何家猜，何家小鸡何家猜，何家公鸡何家猜

动作：双手叉腰抬腿跳，双手跟随节奏击掌，身体跟着摆动。

歌词：何家母鸡谁知道

动作：双手掌心向上放在胸前两侧，表示不知道。

歌词：猴子哥哥熊先生

动作：右手放在额头前，头从左转到右；然后双手握拳放在胸前，脸部微笑。

歌词：松鼠妹妹牛叔叔

动作：双手做花儿的姿势放在脸的两侧，然后双手做六的手势放在头顶。

歌词：黄狗爸爸羊妈妈

动作：右手手指从内往外扩张，身体左摇右摆。

歌词：来猜来猜啱

动作：双手上下摆动，做出波浪起伏的样子，先从左到右再从右到左。

结语：

小朋友们，你们知道这到底是谁家的鸡吗？这一次让我们带着问题，再次跳起来，在歌曲中寻找答案吧。

预设效果：

通过带动唱，让小朋友体验与同伴合作游戏的快乐。同时借助图谱、视频、肢体动作等方法，尝试在玩中学游戏，让孩子感受粤语童谣的魅力。

采莲雾

游戏类型：带动唱

活动形式：全体

所需器材：音乐《采莲雾》

活动目的：

纾解疲劳，调节情绪，调动气氛，发展身体协调能力及灵活性。

导语：

新时代的巨轮上，踏上新征程的我们，更应以不懈的劳动为桨，以有智慧的劳动为帆，直面未来的惊涛骇浪，到达属于我们的彼岸！

前奏动作：自然站立。

歌词：蔓莲雾蔓莲雾

动作：右手侧平举向上屈臂呈90°（四指并拢）；左手手掌置于右肩前约15厘米处（四指并拢）；右脚向右踏一步的同时双手做手掌收拢的动作（重复两遍）。

歌词：噼里啪啦落

动作：双手举起从上往下划S形后前臂水平平行指向前方（掌心朝下）并双脚向左跳一下。

歌词：蔓莲雾蔓莲雾

动作：左手侧平举向上曲臂呈90°（四指并拢）；右手手掌置于右肩前约15厘米处（四指并拢）；左脚向左踏一步的同时双手做手掌收拢的动作（重复两遍）。

歌词：噼里啪啦落

动作：双手举起从上往下划S形后四指水平指向前方大拇指相对（掌心朝下）并双脚向右跳一下。

以上四个动作为一组，共做两组。

歌词：好大的哟！

动作：双手从上往下划出一个葫芦形状。

重复四次。

结语：

同学们，巨大的成就是靠我们的双手拼出来的！对美好的未来，我们不能只是憧憬，还要有更多的创造，让我们从小热爱劳动、热爱学习，用我们的努力去回报我们的父母！用我们的辛勤去创造祖国美好的未来！

预设效果：

使学生树立劳动创造一切的观念，懂得劳动光荣、懂得自己的幸福靠劳动创造，热爱劳动和劳动人民，能促进学生良好品德的形成。

品质4：开放的思维

丰收乐

游戏类型：带动唱

活动形式：全体

所需器材：音乐《丰收乐》

活动目的：

（1）纾解疲劳，松弛紧张，锻炼身体，活动手脚。

（2）增进健康、表现形体、美化姿态、调节情感，发展身体协调能力及灵活性。

（3）感受付出之后得到回报的喜悦。

导语：

我们都是幸福的劳动者，劳动是财富的源泉，也是幸福的源泉。人世间的美好梦想，只有通过辛勤劳动才能实现；发展中的各种难题，只有通过诚实劳动才能破解；生命里的一切辉煌，只有通过劳动才能铸就！同学们，举起我们手中的小锄头，投身国家建设！

前奏动作：举起双手，拳头握紧，跟着音乐的节奏左右摇摆。

歌词：*左边耕啦，左边耕；右边耕啦，右边耕*

动作：拳头握紧，双手做出耕地的动作（先左后右）。

歌词：*左插秧啦，左插秧；右插秧啦，右插秧*

动作：一手摊开，一手指尖捏紧，捏紧的一手划圈碰到摊开的手（先左后右）。

歌词：*左施肥啦，左施肥；右施肥啦，右施肥*

动作：双手摊开，放到腰侧，划圈做出泼撒的动作（先左后右）。

歌词：*左边割啦，左边割；右边割啦，右边割*

动作：一手伸出握紧拳头，一手摊开做刀子形状，在握紧的拳头下边来回划圈，表示收割（先左后右）。

间奏动作：跟着音乐摇摆，听到音乐转变后弯腰，拳头握住做小火车车轮状从左到右，然后抛出去，再从右到左，抛出去。

歌曲重复一次。

插语：

一分耕耘一分收获，我们的幸福都是靠自己的双手创造出来的！我们的付出是不会白费的！我们要靠着我们的双手创造出一个光明的未来！

结语：

同学们，我们要挥洒劳动的汗水，才能体会劳动的艰辛、收获的快乐，成为真正的建设者！

预设效果：

在活动过程中，通过欢快的音乐，让学生体会到整个劳动过程的辛苦，教育学生没有任何东西是可以不劳而获的。强化学生对劳动教育的理解，培养学生积极的心理，激发学生在劳动中创新的动力。

韵律操

活动类型：带动唱

活动形式：全体

所需器材：音乐《韵律操》

活动目的：

（1）纾解疲劳，松弛紧张，锻炼身体，活动手脚。

（2）增进健康、表现形体、美化姿态、调节情感，发展身体协调能力及灵活性。

导语：

同学们，现在请像我一样，先自然站立，然后双手向上伸，伴随这首充满动感的音乐，跟我一起来律动一下吧。

歌词：来来，放轻松啊，放轻松，让我们做个柔软操，一、二、三
动作：身体随着音乐左右摇摆，然后右手做出一、二、三的手势。

歌词：前点头呀前点头，后点头呀后点头
动作：双手叉腰，头向前点两下，向后点两下。

歌词：左摆头呀左摆头，右摆头呀右摆头
动作：双手叉腰，头向左点两下，向右点两下。

歌词：左侧揉呀左侧揉，右侧揉呀右侧揉，两侧一起揉
动作：左手食指放在左侧太阳穴揉，然后换右手食指在右侧太阳穴揉，最后左右手分别放在两侧太阳穴一起揉。

歌词：左转头呀左转头，右转头呀右转头

动作：双手叉腰，头向左边逆时针转一圈，然后向右边顺时针转一圈。

歌词：左肩捶呀左肩捶，右肩捶呀右肩捶，双肩一起捶

动作：左手握拳侧弯曲放在左肩上捶两下，然后换右手握拳侧弯曲放在右肩上捶两下，最后双手一起捶肩。

歌词：左肩动呀左肩动，右肩动呀右肩动，双肩一起动

动作：双手自然垂下左肩膀向上动两下，然后换右肩膀向上动两下，最后左右肩一起向上动两下。

歌词：左掌推呀左掌推，右掌推呀右掌推，双掌一起推

动作：左手掌心向前带动手臂向前伸，然后缩回，重复两次；随后换右手掌心向前带动手臂向前伸，然后缩回，重复两次。最后双手一起做。

歌词：左伸手呀左伸手，右伸手呀右伸手，双手向上伸

动作：左手掌心向内从左侧向上伸然后收回，重复两次；随后换右手掌心向内从右侧向上伸然后收回，重复两次。最后双手一起做。

歌词：左边弯呀左边弯，右边弯呀右边弯，左右向后弯

动作：双手叉腰，身体向左边侧弯腰两次，然后向右边侧弯腰两次，最后左右各弯腰一次。

歌词：向前摆呀向前摆，向后摆呀向后摆，前后摆又摆

动作：双手叉腰，身体向前弯腰两次，然后向后弯腰两次，最后前后各弯腰一次。

歌词：左敲腿呀左敲腿，右敲腿呀右敲腿，双手敲敲腿

动作：左手敲四下左腿，然后换右手敲四下右腿，最后双手一起敲左右腿4下。

歌词：左伸脚呀左伸脚，右伸脚呀右伸脚，双脚用力伸

动作：左腿向前踢两次，随后换右腿向前踢两次，最后双腿向上跳。

歌词：左抬腿呀左抬腿，右抬腿呀右抬腿，上下一起抬

动作：左腿做高抬腿两次，然后换右腿做高抬腿两次，最后左右腿交叉跳。

歌词：十指伸呀十指伸，十指弯呀十指弯，伸弯伸弯伸

动作：双手向前伸直掌心向下，手指同时做伸展动作两次。随后手指做弯曲动作两次，最后伸展和弯曲动作交替做。

歌词：双肩张呀双肩张，双肩张呀双肩张，双肩一起张

动作：双手弯曲并拢握拳，拳心向内，高举过头，然后向两侧打开，最后再向内靠拢，重复六次。

歌词：波浪转呀波浪转，波浪转呀波浪转，转个大波浪

动作：双手垂直放在两侧，然后两手同时从后往前转一个圈，重复五次。

结束音乐动作：随着节奏拍掌。

结语：

用肢体语言谱写青春华美的乐章；激荡的旋律喷吐青春如火的热情；我们共同参与，享受年轻的快乐；我们共同舞动，让青春更加美好！让我们在律动中畅想，我们拥有今天；让我们在热舞中畅想，我们即将拥有明天！

预设效果：

（1）通过简单的伸展动作，达到纾解疲劳，松弛紧张，锻炼身体的效果。

（2）调动参与者的情绪，陶冶美好情操，延缓疲劳，同时增强学生之间的联系。

品质5：有视野（洞察力）

奇迹再现

活动类型：带动唱

活动形式：全体

所需器材：音乐《奇迹再现》

活动目的：

（1）培养学生努力拼搏的精神。

（2）拓宽学生认知，提高孩子努力做事的欲望，培养学生的努力意识。

导语：

同学们，拼搏创造奇迹，奋斗成就未来。当你认为自己坚持不下去时，仰望天空，那里，有我们的憧憬与梦想。印度诗人泰戈尔说："只有经历地狱

般的磨炼，才能练出创造天堂的力量；只有流过血的手指，才能弹出世间的绝唱！"宝剑锋从磨砺出，梅花香自苦寒来。人生要面临众多的困难，我们要做的就是一步一个脚印，走出困境，迎来曙光。

无论我们是狮子还是羚羊，都必须奔跑；无论我们是暂时领先还是暂时落后，都必须拼搏！请时时刻刻告诉自己："我想飞，因为我有梦想；我能飞，因为我有信心！"昨天已成为过去，今天仍然在继续，美好的未来需要今天去拼搏。各位同学，努力、拼搏就会有奇迹，让我们用自己辛勤的汗水来谱写一曲绚丽的乐章！

前奏动作：双腿左右开立，与肩同宽，重心在左脚，右脚有规律的抖动，右手臂上举并握拳，左手握拳叉腰。

歌词：就像阳光穿过黑夜

动作：双腿左右开立，与肩同宽，双手侧上举与水平呈65°左右，掌心相对；双腿并拢，左手紧贴大腿，右手横于胸前约15厘米处（四指并拢掌心朝下）划向右侧，与水平呈45°。

歌词：黎明悄悄划过天边

动作：左手屈肘（四指并拢，掌心朝下）做横向扩胸运动；双手收回在额头前交叉并互换动作，左脚向左移动一步。

歌词：谁的身影穿梭轮回间

动作：双脚并拢，双手握拳挡在脸前，微微低头；右脚往前迈一步蹲下，双手握拳下垂至身体两侧，斜向地面。

歌词：未来的路就在脚下

动作：双腿左右开立，与肩同宽；左手叉腰，右手向上举至头顶上方，然后从前向下移动（掌心朝上，五指呈握球状）；快指向地面时右手握拳，食指斜指向地面。

歌词：不要悲伤不要害怕

动作：双腿左右开立，与肩同宽，四指并拢呈掌状，双手交叉置于胸前；双臂侧平举，双手握拳，拳头置于眼前（拳眼朝向眼睛）并微微低头；恢复胸前交叉动作，后右手前臂横于胸前15厘米处，左手握拳直臂指向左后下方。

歌词：充满信心期盼着明天

动作：双手握拳做出鼓励加油的动作；双手伸出食指上举至头顶上方，再往前指向前方。

歌词：新的风暴已经出现

动作：做原地跑步动作。

歌词：怎么能够停滞不前

动作：单腿下跪，双手握拳交叉置于胸前；双手侧上举（四指并拢，掌心朝上）。

歌词：穿越时空竭尽全力

动作：保持上一个动作，左手化掌为拳（拳眼向右），右手握拳抱于腰间（拳眼向右）；站立（四拍）。

歌词：我会来到你身边

动作：手掌重叠放在胸口处，而后张开指向前方。

歌词：微笑面对危险

动作：双手呈手枪动作指向脸颊；左脚往前一步，左手横于胸前15厘米处（四指并拢，掌心朝下），右手手肘放在左手手掌背部，手指指向正上方，并从由右往左转体。

歌词：梦想成真不会遥远

动作：自然站立，双手侧上举，掌心朝上，而后收拢至胸前交叉。

歌词：鼓起勇气坚定向前

动作：双手握拳屈肘呈90°，并侧举做出大力士动作（八拍）。

歌词：奇迹一定会出现

动作：双手上举，掌心向前，手指呈握球状；手掌掌心旋转至后方，至上往前缓慢移动。

以上重复一遍接下。

歌词：新的风暴已经出现

动作：做原地跑步动作。

歌词：怎么能够停滞不前

动作：单腿下跪，双手握拳交叉置于胸前；双手侧上举（四指并拢，掌心朝上）。

歌词：穿越时空竭尽全力

动作：保持上一个动作，左手化掌为拳（拳眼向右），右手握拳抱于腰间（拳眼向右）；站立（四拍）。

歌词：我会来到你身边

动作：手掌重叠放在胸口处，而后张开指向前方。

歌词：微笑面对危险

动作：双手呈手枪动作指向脸颊；左脚往前一步，左手横于胸前15厘米处（四指并拢，掌心朝下），右手手肘放在左手手掌背部，手指指向正上方，并从由右往左转体。

歌词：梦想成真不会遥远

动作：自然站立，双手侧上举，掌心朝上，而后收拢至胸前交叉。

歌词：鼓起勇气坚定向前

动作：双手握拳屈肘呈90°，并侧举做出大力士动作（八拍）。

歌词：奇迹一定会出现

动作：双手上举，掌心向前，手指呈握球状；手掌掌心旋转至后方，至上往前缓慢移动。

歌词：新的风暴已经出现

动作：做原地跑步动作。

歌词：怎么能够停滞不前

动作：单腿下跪，双手握拳交叉置于胸前；双手侧上举（四指并拢，掌心朝上）。

歌词：穿越时空竭尽全力

动作：保持上一个动作，左手化掌为拳（拳眼向右），右手握拳抱于腰间（拳眼向右）；站立（四拍）。

歌词：我会来到你身边

动作：手掌重叠放在胸口处，而后张开指向前方。

歌词：微笑面对危险

动作：双手呈手枪动作指向脸颊；左脚往前一步，左手横于胸前15厘米处（四指并拢，掌心朝下），右手手肘放在左手手掌背部，手指指向正上方，并从由右往左转体。

歌词：梦想成真不会遥远

动作：自然站立，双手侧上举，掌心朝上，而后收拢至胸前交叉。

歌词：鼓起勇气坚定向前

动作：双手握拳屈肘呈90°，并侧举做出大力士动作（八拍）。

歌词：奇迹一定会出现

动作：双手上举，掌心向前，手指呈握球状；手掌掌心旋转至后方，至上往前缓慢移动。

插语：

天地如此广阔，世界如此美好，在遇到挫折的时候，要坦然微笑地面对生活，孩子们，人生是一个奋斗的战场，精神焕发、步伐昂扬地向前冲吧，超越自我，创造奇迹！

结语：

这世界永远不会像我们想象的那样一帆风顺，在追逐梦想的过程中，我们总要经历生活对我们的考验。虽然有时候坚持不一定会成功，但起码不会失败。对于梦想，我们还是应该脚踏实地，努力拼搏，只要我们足够努力，总会有奇迹出现的那一天。

预设效果：

通过带动唱，让学生知道努力、拼搏不一定会成功，却不会失败，提高学生对学习的认知，鼓励学生在自己感兴趣的事情上做出努力。

一起向未来

活动类型：带动唱

活动形式：全体

所需器材：音乐《一起向未来》

活动目的：

通过带动唱，引导学生学习奥运健儿为梦想拼搏的坚强意志，增强民族自信心，厚植家国情怀，树立"小我融入大国，与祖国共成长"的目标和信念。

导语：

冬奥是人生的缩影。冠军是幸运的，在通往冠军的金字塔下，多少无名英雄为之而奋力攀登；冠军是短暂的，今日的冠军，明日可能名落孙山；冠军是荣耀的，但在他高唱国歌、热泪盈眶之时，想到的并不是未来怎样辉煌，而是回想起了数年来伤病的困扰和艰苦的训练；冠军是可贵的，在他们的身上，有着多少不屈不挠、挑战自我、勇攀高峰的精神。同学们，让我们为青春的梦想奋斗，一起向未来。

♪ 前奏动作：双手举过头顶，然后打开，随音乐节奏左右摆动。

歌词：世界越爱越精彩

动作：双臂45°角抬起，双手指尖相碰，做成"三角"的动作，然后做成"比心"的动作；双臂举过头顶，双手交叉，往身体两侧落下。

歌词：雪花纷飞迫不及待入怀

动作：双臂举过头顶，双手手掌向外，双臂往下移动，右手捂右边胸口，双臂在胸前交叉。

歌词：Fly to the sky

动作：右手食指伸出，其余四指弯曲，右臂抬高，右手食指点几下，右手食指画"弧形"。

歌词：天地洁白一片片存在

动作：右手五指并拢，右臂抬高，右手掌心向下，右臂往下移动，双手食指伸出，其余四指弯曲，双臂往前伸，右手拇指竖起，其余四指弯曲，左臂在胸前弯曲，左手掌向上，右手放在左手掌上面。

歌词：未来越爱越期待

动作：双手交叉，掌心向上，双臂向身体两侧打开，双手做成"比心"的动作，右手食指和中指伸出来，双指并拢，另外三根手指弯曲，右臂举过头顶。

歌词：我舞晴空心花怒放表白

动作：右手捂左边胸口，双手交叉，掌心向上，双臂向身体两侧打开，双手手掌根相碰，做成"花"的动作，放在下巴下方，双手在胸前做"心"的动作。

歌词：Fly to the sky

动作：右手食指伸出，其余四指弯曲，右臂抬高，右手食指点几下，右手食指画"弧形"。

歌词：**万丈彩虹一重重盛开**

动作：双手食指和中指伸出，两根手指并拢，另外的三根手指弯曲，双臂举过头顶，往身体两侧落下；双臂弯曲，双手五指并拢，掌心向下，右臂位于下方，左臂位于上方，右臂往上移动，位于左臂上方，双臂举过头顶，双手交叉，往身体两侧落下。

歌词：**我们都需要爱**

动作：右手捂左边胸口，右手握拳，右臂往右边移动，左手捂右边胸口，左手握拳，左臂往右边移动，双手在胸前做"心"形的动作。

歌词：**大家把手都牵起来**

动作：右手五指张开，右臂往前伸，左手五指张开，左臂往前伸，双手除了拇指之外，另外四指弯曲，双手弯曲的四根手指相扣，双手交叉，掌心向上，双臂向身体两侧打开。

歌词：**Together for a shared future**

动作：双臂弯曲，双手握拳，右臂位于下方，左臂位于上方，右臂往上移动，位于左臂上方，左臂往上移动，位于右臂上方。

歌词：**一起来一起向未来**

动作：双手在胸前交叉，双手食指伸出，另外四根手指弯曲，双臂往前伸，双手交叉，掌心向上，双臂向身体两侧打开。

歌词：**我们都拥有爱**

动作：右手捂左边胸口，右手握拳，右臂往右边移动，左手捂右边胸口，左手握拳，左臂往右边移动，双手在胸前做"心"形的动作。

歌词：**来把所有门全都敞开**

动作：右手五指张开，右臂往前伸，左手五指张开，左臂往前伸，双手交叉，掌心向上，双臂向身体两侧打开。

歌词：**Together for a shared future**

动作：双臂弯曲，双手握拳，右臂位于下方，左臂位于上方，右臂往上移动，位于左臂上方，左臂往上移动，位于右臂上方。

歌词：**一起来Together**

动作：双手在胸前交叉，右手握拳，右臂往右边移动。

歌词：一起向未来

动作：双手食指伸出，另外四根手指弯曲，双臂往前伸，双手交叉，掌心向上，双臂向身体两侧打开。

插语：

不甘失败，持续挑战，拼搏和奋斗的羽翼总会在理想的阵风中舒展，带着我们在天空翱翔。在逐梦的路上，我们坚信，汗水比泪水更有营养，站着比坐着更有力量，绝不躺平，绝不由天，让我们不负青春的期待，一起努力向未来。

结语：

作为中国新一代青年，我们更应胸怀理想，披荆斩棘，把"小我"融入"大我"，勇担责任，用自己的知识与智慧去建设伟大的祖国，让我们为祖国拉开新的篇章，实现一个又一个中国梦！同时，我们要站在更远、更高、更大的舞台上，践行更高、更快、更强的奥林匹克精神！让我们同筑冰雪梦，一起向未来！

预设效果：

通过带动唱，歌曲表达了人类对美好明天的憧憬，说出了愿与世界携手同心、奔赴未来的坚定信念，容易与学生产生共鸣，引导学生为自己的梦想奋斗。适用于活动结束的总结。

第二专题　勇 气

品质6：真 诚

快快乐乐上学校

活动类型：带动唱

活动形式：全体

所需器材：音乐《快快乐乐上学校》

活动目的：

通过趣味早操的形式带领学生锻炼身体，用欢快的节奏增强与学生的互动，传递积极向上的精神，引导学生学会快乐学习、快乐生活。

导语：

"快乐"是一个美好的词语！小溪一路欢歌奔向大海，虽然一路乱石，却无法阻挡它快乐的行程；阳光绽放笑颜，纵使瞬间便是乌云满天，却无法改变它普照万物的初衷。它们有梦想，有动力，心怀大海，心念万物，自然海阔天空。愿你们如同它们一般，在如花的年纪，希望你们能在蓝色的天空下心怀梦想，快乐学习，快乐成长。

♪ 前奏动作：双手举过头顶，随音乐摆动。

歌词：嘀咕嗒咕嘀咕嗒咕

动作：双腿微曲，双手伸出拇指和食指，另外三根手指弯曲，做出"指针"的动作，向身体左右侧摆动，腰向左右弯。

歌词：小小的闹钟在叫我

动作：左手食指弯曲，做出"敲门"的动作，往左边敲两下；右手食指弯曲，做出"敲门"的动作，往右边敲两下。

歌词：嘀咕嗒咕嘀咕嗒咕

动作：双腿微曲，双手伸出拇指和食指，另外三根手指弯曲，做出"指针"的动作，向身体左右侧摆动，腰向左右弯，双腿微曲。

歌词：可爱的宝宝快起床

动作：双手握拳，双臂90°弯曲，身体向左边转动；双手握拳，双臂90°弯曲，身体向右边转动。

歌词：洗洗脸儿刷刷牙呀

动作：双手张开，双手在面前画圈，右手伸出食指，其余四根手指弯曲，做成牙刷的动作上下刷。

歌词：穿好衣服背书包

动作：左脚往后交叉，双手摆两侧，做出穿衣服的动作，双手往右拍两下

（背书包）。

歌词：爸爸再见妈妈再见

动作：右手五指并拢，右手往右边摆两下；左手五指并拢，左手往左边摆两下。

歌词：快快乐乐上学校

动作：双手握拳，双臂跟随音乐上下摆动，身体转圈。

间奏动作：右手握拳，右臂弯曲，右脚往前伸，脚尖点地，拍手三下（重复间奏动作两次）。

插语：

同学们，让我们不负春光，快乐地学习，快乐地生活，增长知识，增长才干，共同放飞青春的梦想吧！

结语：

快乐是一种健康、积极的心态，是我们以乐观去面对周围的人和事，是正确地对待生活和学习中的困难、挫折与逆境的良好心理状态。当我们将这种快乐的心态用于学习和生活时，我们就达到了最佳的境界，同学们，让我们一起愉快地享受学习，享受生活吧！

预设效果及适用场景：

通过带动唱，以趣味早操的形式在早上活动开始前进行热身和活动锻炼，动作生动活泼，通过歌曲向学生传递快乐学习、快乐生活的正能量。

我们拥有一个名字叫中国

活动类型：带动唱

活动形式：全体

所需器材：音乐《我们拥有一个名字叫中国》

活动目的：

通过带动唱的形式，加强与学生的互动。这首歌曲铿锵的旋律，歌颂了祖国灿烂的历史文化和大好山河，以及中国人面对逆境迎难而上的勇气，激发学生的爱国心和民族自豪感。

导语：

祖国灿烂悠久的历史文化是中华儿女的骄傲；祖国壮丽的山河让我们自豪，更让我们自豪的是中华儿女坚强不屈、自强不息的精神，这种精神铸就了一个优秀的民族，让我们传承先辈们自强不息的精神，为祖国踏上新征程而奋斗。

前奏动作： 双手举过头顶，然后打开，随音乐节奏左右摆动，双手和双臂呈"S"形摆动。

歌词： 一把黄土塑成千万个你我

动作： 右手食指竖起，四指弯曲，右臂弯曲，从右向左移动；右手五指弯曲，捏在一起，指尖向上，右手从左向右移动；双臂弯曲，双手五指并拢，指尖相对，掌心向下，双手手掌平摊，掌心向上，指尖向外，双臂往前伸，双手在胸前交叉。

歌词： 静脉是长城动脉是黄河

动作： 右手捂左边胸口，双臂在胸前弯曲，双手五指并拢，双掌相对，双臂向身体两侧拉开；左手捂右边胸口，双手和双臂做"波浪"的动作。

歌词： 五千年的文化是生生不息的脉搏

动作： 右手五指张开，右臂往前伸；左手五指张开，左臂往前伸；双手五指弯曲捏在一起，双臂跟随音乐往下移动，双手弯曲的五指跟随双臂往下移动的动作打开五指，双手五指弯曲捏在一起，双臂跟随音乐举过头顶，双手弯曲的五指跟随双臂往上举的动作打开五指。

歌词： 提醒你提醒我

动作： 双手食指伸出，其他四指弯曲，双臂抬高，双手食指在太阳穴外侧画圈，双手平摊，掌心向上，双臂往前伸，双手食指伸出，其他四指弯曲，双臂抬高，双手食指在太阳穴外侧画圈，双手交叉在胸前。

歌词： 我们拥有个名字叫中国

动作： 双手交叉在胸前，右手食指竖起，四指弯曲，右臂弯曲，从右向左移动，右臂45°向右侧举起，手掌打开，之前举高的右臂往下移动，跟随身体向右转，右臂在胸前弯曲成90°，右手握拳。

歌词：再大的风雨我们都见过

动作：双手和双臂呈"S"形摆动，双手交叉捂胸口，右手五指并拢，掌心向下，右臂抬高，右手放在前额的位置，左手放身后，随着音乐摆动身体。

歌词：再苦的逆境我们同熬过

动作：左手五指并拢，掌心向下，左臂在胸前弯曲，右手五指并拢，掌心向下，右臂在胸前弯曲，叠在左臂上，跟随音乐45°上下摆动，双臂举过头顶，双手交叉，往身体两侧落下，双手交叉放胸前，右手握拳，掌心向下，右臂抬高，右拳放在前额的位置，左手放身后，随着音乐摆动身体。

歌词：就是民族的气节

动作：身体45°向右转，左手握拳，左臂45°往下，右手握拳，右臂弯曲，跟随音乐往上抬。

歌词：就是泱泱的气节

动作：身体45°向左转，右手握拳，右臂45°往下，左手握拳，左臂弯曲，跟随音乐往上抬。

歌词：从来没变过

动作：双臂交叉，掌心向外，双手握拳相对，双臂在胸前弯曲成90°，跟随音乐摆动。

歌词：手牵着手什么也别说

动作：双手握拳，双臂在身体两侧自然垂下，随音乐摆动双臂交叉，掌心向外，双手四指并拢，拇指张开，掌心向外，双臂往上举。

歌词：哪怕沉默都是歌

动作：右手握拳，左手包在右拳外，微微低下头，左手叉腰右臂45°向上举，右手五指张开，掌心向外。

歌词：因为我们拥有一个名字叫中国

动作：双手交叉在胸前，右手食指竖起，四指弯曲，右臂弯曲，从右向左移动，右臂45°向右侧举起，手掌打开，之前举高的右臂往下移动，跟随身体向右转，右臂在胸前弯曲成90°，右手握拳。

插语：

同学们，我们为祖国感到骄傲，为我是一个中国人感到自豪，让我们一起做一个努力学习、诚实守信的青少年，将来为建设祖国贡献自己的力量。

结语：

世上最美丽的画卷描绘的是祖国的大好河山；世上最动人的诗歌颂的是祖国永恒的春天。五千年的风雨也动摇不了您在孩子们心中的地位，五千年的风霜让您更加富强，五千年的历史让我们为您骄傲，我为我们拥有一个名字叫中国而自豪。

预设效果：

以带动唱的形式，通过歌曲歌颂祖国的美丽河山以及中国人勇于面对逆境的气概，增强学生的爱国心和民族自豪感，适用于活动结束的总结。

品质7：勇 敢

孤勇者

游戏类型：带动唱

活动形式：全体

所需器材：音乐《孤勇者》

活动目的：

（1）增强学生自强不息的信念。

（2）加强学生对理想信念的坚持。

导语：

何为孤勇者？孤勇者是一个能忍受孤独与悲凉，耐得住性子沉淀积累，勇于面对世界的残酷，无论是风雨坎坷还是鲜花坦途都依然勇敢追求正道的人。孤勇者可能是常与黑夜和孤独为伴，却坚信能走出一片光明的人。孤勇并不是一意孤行、孤寡独断，而是当现实和自己坚守的使命价值观产生冲突时依然坚守阵线的勇气，虽然过程可能孤独，但他们并不感到孤单，因为他们内心有笃定的远方和坚定的信念。并不是只有那些绝对称雄称霸、救世人于水火、奋勇杀敌或留一世英名的人才算得上英雄，平凡的普通人也一样可以成为英雄，一样值得称赞。

前奏动作：双手从胸前开始转动画圆，回到胸前时握拳，重复两次；右手向上伸，左脚往外伸出，反方向动作各一次；重复双手从胸前开始转动画圆，回到胸前时握拳。

歌词：都是勇敢的

动作："都"，双手左右伸开；"勇敢的"，双手手臂竖直，双手握拳，加油三次。

歌词：你额头的伤口，你的不同你犯的错

动作："你额头的伤口"，右手伸出食指、中指，指向额头；"你的不同"，双手掌心向上，双手伸出指向前方；"你犯的错"，双手回收，在胸前打叉。

歌词：都不必隐藏

动作："都"，双手左右伸开；"不必"，双手伸出，手掌左右摇摆；"隐藏"，双手回收，左手包住右手放回胸前，头低下。

歌词：你破旧的玩偶，你的面具你的自我

动作："破旧的玩偶"，右手手掌做爪状，从脸前向右边划去；"你的面具"，左手手掌做爪状，从脸前拉出；"自我"，双手拇指竖起，指向自己。

歌词：他们说要带着光，驯服每一头怪兽

动作："他们说"，右手伸出食指、中指，指向额头，向右边伸出；"带着光"，双手五指张开，放在头的两侧当作犄角，双膝下蹲；"驯服"，双手握拳放在前方，做骑马动作；"怪兽"，双手五指弯曲，做爪状，向两边划。

歌词：他们说要缝好你的伤，没有人爱小丑

动作："他们说"，右手伸出食指、中指，指向额头，向右边伸出；"缝好"，右手握拳，左手手掌围绕右拳手指逐渐收拢；"没有人"，双手放在胸前，手掌摆动；"小丑"，双手放在头的两侧，拇指顶住太阳穴，其余四指开合。

歌词：为何孤独不可光荣

动作："为何孤独"，左手握拳托腮，右手放在左手手肘下；"不可"，双手放在胸前，手掌摆动；"光荣"，双手拇指伸出，双手往两边拉开。

歌词：人只有不完美值得歌颂

动作："不完美"，双手手掌伸直，右手掌心朝外往前伸，左手掌心朝外放在右肩，头往左侧；"值得歌颂"，双手放在嘴边做喇叭状，从里往外伸出，往两边划。

歌词：谁说污泥满身的不算英雄

动作："污泥"，双手上下交叠，手指上下点动，双手往左右两边伸展；"不算英雄"，右手握拳轻捶左胸两下，竖起拇指往外移动。

歌词：爱你孤身走暗巷

动作：双手向外伸出，双脚分开，右腿微蹲，左腿伸直，身体往右边倾斜。

歌词：爱你不跪的模样

动作：双手回收握拳，双脚分开，左腿微蹲，右腿伸直，身体往左边倾斜。

歌词：爱你对峙过绝望

动作：双手上下交叠，双脚分开，右腿微蹲，左腿伸直，身体往右边倾斜。

歌词：不肯哭一场

动作：双手握拳，放在眼睛处，拳头上下晃动，往左右两边拉开；双脚分开，左腿微蹲，右腿伸直，身体往左边倾斜。

歌词：爱你破烂的衣裳

动作：双手在胸前交叉往下劈，双腿分开站立。

歌词：却敢堵命运的枪

动作：左手手臂竖直，右手手臂放在左手肘处，形成十字；双脚分开，左腿微蹲，右腿伸直，身体往左边倾斜。

歌词：爱你和我那么像

动作：双手向前伸出后胸前交叉，轻拍肩膀三下。

歌词：缺口都一样

动作：双手手指形成圆圈，往左右分开三次，表示缺口。

歌词：去吗　配吗　这褴褛的披风

动作："去吧"，左手食指伸出，指向前方；"配吗"，右手食指伸出，指向前方；"褴褛的披风"，双手甩向左边。

歌词：战吗　战啊　以最卑微的梦

动作："战吗"，左手握拳向上举起；"战啊"，右手握拳向上举起；"最卑微的梦"，右手握拳，左手手掌贴在右拳上，身子往右边侧。

歌词：致那黑夜中的呜咽与怒吼

动作：双手掌心朝内向上举起，逐渐往下降落到嘴部，向外翻转往外扩散。

歌词：谁说站在光里的才算英雄

动作："光里"，双腿蹲下，双手画大圆；"英雄"，双手握拳，左拳向上伸出，伸出右脚。

间奏动作：随音乐左右摇摆。

歌词：他们说要戒了你的狂

动作："他们说"，右手伸出食指、中指，指向额头，向右边伸出；"你的狂"，双手伸到头顶，双手手指伸缩抓握。

歌词：就像擦掉了污垢

动作：双手上下交叠，手指上下点动，双手往左右两边伸展。

歌词：他们说要顺台阶而上

动作："他们说"，右手伸出食指、中指，指向额头，向右边伸出；"顺台阶而上"，双手手臂伸直，左右交叉向上攀登。

歌词：而代价是低头

动作：双手手臂画圆，伸出食指、拇指做"7"往下沉，头低下。

歌词：那就让我不可乘风

动作："那就让我"，双手向外伸出后双手握拳，拇指指向自己；"不可"，双手手掌摇摆；"乘风"，双手手臂伸直，掌心相对，蛇形往下表示风。

歌词：你一样骄傲着那种孤勇

动作："你一样骄傲着"，双手左右打开后握拳做加油状；"那种孤勇"，左手手臂伸直握拳往中间；然后到右手做同样的动作。

歌词：谁说对弈平凡的不算英雄

动作："对弈平凡"，身体往左侧，双手食指、拇指伸出做"√"，双手胸前交叉；"不算"，右手握拳轻捶左胸三下；"英雄"，右手拇指伸出，缓慢向前伸。

歌词：爱你孤身走暗巷

动作：双手向外伸出，双脚分开，右腿微蹲，左腿伸直，身体往右边倾斜。

歌词：爱你不跪的模样

动作：双手回收握拳，双脚分开，左腿微蹲，右腿伸直，身体往左边倾斜。

歌词：爱你对峙过绝望

动作：双手上下交叠，双脚分开，右腿微蹲，左腿伸直，身体往右边倾斜。

歌词：不肯哭一场

动作：双手握拳，放在眼睛处，拳头上下晃动，往左右两边拉开；双脚分开，左腿微蹲，右腿伸直，身体往左边倾斜。

歌词：爱你破烂的衣裳

动作：双手在胸前交叉往下劈，双腿分开站立。

歌词：却敢堵命运的枪

动作：左手手臂竖直，右手手臂放在左手肘处，形成十字；双脚分开，左腿微蹲，右腿伸直，身体往左边倾斜。

歌词：爱你和我那么像

动作：双手向前伸出后胸前交叉，轻拍肩膀三下。

歌词：缺口都一样

动作：双手手指形成圆圈，往左右分开三次，表示缺口。

歌词：去吗　配吗　这褴褛的披风

动作："去吧"，左手食指伸出，指向前方；"配吗"，右手食指伸出，指向前方；"褴褛的披风"，双手甩向左边。

歌词：战吗　战啊　以最卑微的梦

动作："战吗"，左手握拳向上举起；"战啊"，右手握拳向上举起；"最卑微的梦"，右手握拳，左手手掌贴在右拳上，身子往右边侧。

歌词：致那黑夜中的呜咽与怒吼

动作：双手掌心朝内向上举起，逐渐往下降落到嘴部，向外翻转往外扩散。

歌词：谁说站在光里的才算英雄

动作："光里"，双腿蹲下，双手画大圆；"英雄"，双手握拳，左拳向上伸出，伸出右脚。

歌词：你的斑驳与众不同，你的沉默震耳欲聋（You Are The Hero）

动作：双手从胸前开始转动画圆，回到胸前时握拳，重复两次。

歌词：爱你孤身走暗巷

动作：双手向外伸出，双脚分开，右腿微蹲，左腿伸直，身体往右边倾斜。

歌词：爱你不跪的模样

动作：双手回收握拳，双脚分开，左腿微蹲，右腿伸直，身体往左边倾斜。

歌词：爱你对峙过绝望

动作：双手上下交叠，双脚分开，右腿微蹲，左腿伸直，身体往右边倾斜。

歌词：不肯哭一场

动作：双手握拳，放在眼睛处，拳头上下晃动，往左右两边拉开；双脚分开，左腿微蹲，右腿伸直，身体往左边倾斜。

歌词：爱你来自于蛮荒

动作：双手手掌向上，左右打开，双手掌心朝下，双手交叉左右打开，手指轻点。

歌词：一生不借谁的光

动作：双手食指伸出，双手向上举，左右45°打开。

歌词：你将造你的城邦

动作：双手握拳左右交替往上。

歌词：在废墟之上

动作：双手手臂伸直，逐渐往上做三角形。

歌词：去吗　去啊　以最卑微的梦

动作：左手食指伸出，指向前方；右手食指伸出，指向前方；双手甩向左边。

歌词：战吗　战啊　以最孤高的梦

动作："战吗"，左手握拳向上举起；"战啊"，右手握拳向上举起；"最孤高的梦"，右手握拳，左手手掌贴在右拳上，身子往右边侧。

歌词：致那黑夜中的呜咽与怒吼

动作：双手掌心朝内向上举起，逐渐往下降落到嘴部，向外翻转往外扩散。

歌词：谁说站在光里的才算英雄

动作："光里"，双腿蹲下，双手画大圆；"英雄"，双手握拳，左拳向上伸出，伸出右脚。

结语：

所谓孤勇者，说的就是英雄，既可以是动画或游戏中不屈的主角，也可以是现实生活中那些平凡而不凡的英雄。孤勇者内心的使命力量可以使他们长年累月地坚持自我迭代持续成长，是一种始终坚持向上生长的力量给予了他们孤身走暗巷的勇气，即使身边没有人陪伴、缺少人鼓励，他们也依旧会坚持做有价值的事，不会轻易随波逐流。

能守得住孤独的人本身就很勇敢，孤勇者是一个孤单却勇敢的奋斗者。致敬每一个平凡的孤勇者。

预设效果：

通过带动唱《孤勇者》，学生能明白英雄不仅是那些受到表彰的、在聚光灯下的名人名士，更多的英雄如同在黑夜中行走的孤勇者一样默默无闻。带领学生学习和认识在平凡岗位上默默付出的每一位都是真的英雄。

怒放的生命

活动类型：带动唱

活动形式：全体

所需器材：音乐《怒放的生命》

活动目的：

（1）通过带动唱，引导学生正确认识生命，懂得生命的可贵，珍惜生命。

（2）教育学生珍惜生命，正视生活中遇到的困难挫折，热爱生命，勇敢面对困难和挫折，努力实现自身价值。

（3）教会学生如何建设和完善自己的生命，实现生命的价值，让每个生命都变得有意义。

导语：

生活不可能一帆风顺，会经历许多挫折和困难，我们既可能成为一位伟人，也可能一辈子默默无闻，但是无论我们成为怎样的人，我们都应该勇敢地面对困难、战胜困难，做一个坚强不屈的人。

前奏动作：双手举过头顶，然后打开随音乐节奏左右摆动。

歌词：曾经多少次跌倒在路上

动作：右手手掌竖立，掌心向外，右臂弯曲；左手手掌竖立，掌心向里，左臂弯曲；双臂45°往下伸，双手手掌向下，做成"摔倒"的动作，双手五指并拢，指尖向外，手掌相对，双臂往前伸。

歌词：曾经多少次折断过翅膀

动作：右手手掌竖立，掌心向外，右臂弯曲；左手手掌竖立，掌心向里，左臂弯曲；双手伸出拇指，四指弯曲，双手拇指碰在一起，双臂向身体两侧张开，双臂上下在身体两侧上下摆动，做成小鸟飞翔的动作。

歌词：如今我已不再感到彷徨

动作：右手捂左边胸口，双臂在胸前交叉，双手手掌向外，双臂往上举，双手在太阳穴附近画圆圈。

歌词：我想超越这平凡的奢望

动作：右手捂左边胸口，双手食指伸出来，四指弯曲，左手食指指向右边，右手食指指尖向外，右臂往前伸，做出"超越"的动作；双手手掌交叉，掌心向下，双臂向身体两侧打开；双手手掌交叉，掌心向上，双臂向身体两侧打开。

歌词：我想要怒放的生命

动作：双手交叉，双臂举过头顶，双臂分别向身体两侧落下，右手捂左边胸口，左手放身后。

歌词：就像飞翔在辽阔天空

动作：双臂在身体两侧上下摆动，做成小鸟飞翔的动作，右手伸出食指，四指弯曲，右臂举过头顶，食指在头顶画圆圈。

歌词：就像穿行在无边的旷野

动作：左手伸出食指和中指，其余三根手指弯曲，食指和中指一前一后交替前行，做出人行走的动作；双手交叉，双手手掌向上，双臂身体两侧打开。

歌词：拥有挣脱一切的力量

动作：双手在胸前交叉，然后双手交叉，双手手掌向上，双臂往身体两侧打开，双手握拳相对，双手手臂弯曲。

歌词：曾经多少次失去了方向

动作：右手手掌竖立，掌心向外，右臂弯曲，右手手掌竖立，掌心向里，右臂弯曲，右臂往前伸，右手手掌竖立，掌心向外，左臂向身体里缩，左手手掌五指并拢，掌心向下。

歌词：曾经多少次破灭了梦想

动作：右手手掌竖立，掌心向外，右臂弯曲，右手手掌竖立，掌心向里，右臂弯曲，双臂往下压，双手指尖相对，手掌向下，双手合十，放在右脸侧，做出"睡觉"的动作。

歌词：如今我已不再感到迷茫

动作：右手捂胸口，双臂交叉，掌心向外，做出"不"的动作，右手五指张开，在眼前晃动几下。

歌词：我要我的生命得到释放

动作：右手捂胸口，双臂45°抬起，双手指尖相碰，做成"三角"的动作，右手握拳，右臂往上举。

歌词：我想要怒放的生命

动作：双手交叉，双臂举过头顶，双臂分别向身体两侧落下，右手捂左边胸口，左手放身后。

歌词：就像矗立在彩虹之巅

动作：右手伸出食指和中指，另外三根手指弯曲，做出"人"站立的动作；左手手掌平摊，掌心向上，右手食指和中指立在左手手掌，右手伸出食指和中指，两指并拢，另外三根手指弯曲，右臂往上举，右手在头顶左右挥动。

歌词：就像穿行在璀璨的星河

动作：双手伸出食指，另外四指弯曲，指尖向外，双臂往前伸，然后五指弯曲，双臂往上举，五指张开，做出"星星闪烁"的动作。

歌词：拥有超越平凡的力量

动作：左手食指指向右边，右手食指指尖向外，右臂往前伸，做出"超越"的动作；双手平摊，双手掌心向上，双臂往身体两侧打开，双手握拳相对，双臂弯曲。

插语：

生命之树之所以常青，奋斗的力量之所以不竭，是因为我们还怀着美好的梦想，拥有爱的火种。它也许是一滴水的清纯，一抹绿的新鲜，一轮天边的新月，一轮高升的红日，一声声清脆的鸟叫，一缕缕曙光的温暖，生命是世界上最宝贵的财富，世界因生命而精彩。

结语：

燃烧的是热血，不变的是信念！当我们无法自由选择人生的角色时，就应当顽强抗争，直面人生的春夏秋冬，让生命之花历练风霜雪雨，在彩虹之巅怒放！

预设效果及适用场景：

以带动唱的形式，通过歌曲传达对挫折、失败的一种不屈的精神，引导学生时刻激励自己，遇到困难不放弃，不断努力、不断进步。适用于活动中鼓舞士气。

品质8：坚 持

和你一样

活动类型：带动唱

活动形式：全体

所需器材：音乐《和你一样》

活动目的：

（1）通过带动唱，使学生能视挫折为人生的正常现象，并以积极的心态直面挫折、失败。

（2）掌握一些调适挫折感的方法，培养战胜挫折的能力。

导语：

同学们，面对困境的唯一解药，既不是逃避，也不是对抗，而是超越它，在做中学、错中学，只要保持肯学习的态度，总有出人头地的一天。

歌词：谁在最需要的时候轻轻拍着我肩膀

动作：掌心向上交叉摊开，右手由右至左拍打，右手落在左肩。

歌词：谁在最快乐的时候愿意和我分享

动作：掌心向上交叉摊开，双手食指画个笑脸，双手交叉放在双肩。

歌词：日子那么长我在你身旁

动作：双手竖起食指，由左至右画一个圆，右手食指画"S"形，右手轻拍胸前，向外张开，抚摩左手臂侧方。

歌词：见证你成长让我感到充满力量

动作：右手食指和中指半弯曲，双目看向远方，右手掌由下至上做一个起伏，握拳立直手臂。

歌词：谁能忘记过去一路走来陪你受的伤

动作：右手食指在太阳穴画一个圈，双掌相对由中间滑向前方，右手剁向左手臂。

歌词：谁能预料未来茫茫漫长你在何方

动作：右手食指在太阳穴画一个圈，手掌在脸前转2圈，双手食指在太阳穴画一个圈。

歌词：笑容在脸上和你一样

动作：双手食指做一个笑脸，双掌交叉张开，双手食指竖起来合并。

歌词：大声唱为自己鼓掌

动作：双手举过头顶撒花，鼓掌2下。

歌词：我和你一样一样的坚强

动作：双手轻拍胸膛，双手摊平，双手食指竖起来合并；双手轻拍胸膛，双手握拳立直双臂。

歌词：一样的全力以赴追逐我的梦想

动作：双手轻拍胸膛，前后摆臂，右手手指弯曲做敲门手势。

歌词：哪怕会受伤哪怕有风浪

动作：掌心朝上双手摊平，右手剁向左手臂，双手高于头顶，画一个S形。

歌词：风雨之后才会有迷人芬芳

动作：双掌相对由上至下拍打，由下至上左右张开。

歌词：我和你一样一样的善良

动作：双手轻拍胸膛，双手摊平，双手食指竖起来合并，右手轻拍胸膛竖起大拇指。

歌词：一样为需要的人打造一个天堂

动作：双手食指竖起来由两端往中间合并，左手在上，右手在下，呈一个"人"字，双手从两端画一个弧线，手指贴合。

歌词：歌声是翅膀唱出了希望

动作：右手掌放在嘴边做呼喊状，双手端平上下摆动，手指张开，手关节贴合，呈一朵花状。

歌词：所有的付出只因爱的力量

动作：掌心朝上双手摊开，左手握拳右手掌在上方转2圈，右手握拳做一个加油姿势。

歌词：和你一样

动作：双手合十，双手食指竖起来由两端往中间合并。

插语：

有时候，虽然遭遇挫折的当下很难受，但往往持续了一阵子就会发现，原来过去的那些坚持都是值得的。如果你很想成功，就必须懂得和这些困难和挫折共处，因为它是迈向胜利大道的必经之路。

结语：

困难是永远伴随我们每个人的，学会克服它，被打倒后重新站起来，你就能拥有精彩的人生，你我他都行！不被困难打倒的精神，是你我他身上所具有的。

预设效果：

通过带动唱，能给予学生更多的正能量，让学生能正视挫折，以积极的心态直面挫折，同时在活动中掌握调适挫折感的方法。

阳光总在风雨后

活动类型：带动唱

活动形式：全体

所需器材：音乐《阳光总在风雨后》

活动目的：

培养学生遇到困难不轻言放弃的精神，迎难而上，让学生明白，勇于接受风雨的洗礼，终将迎来阳光。

导语：

同学们，孟子云："天将降大任于是人也，必先苦其心志，劳其筋骨，饿其体肤。"成大事者无一不是经过重重的考验，才到达胜利的彼岸，明白阳光总在风雨后是一种智慧，懂得为实现自己的人生抱负而等待更是一种境界，勇于面对重见阳光前的暴风骤雨是一种坚强。让我们一起接受风雨的洗礼，迎接阳光。

前奏动作：双手举过头顶，随音乐摆动。

歌词：人生路上甜苦和喜忧

动作：手掌相对，指尖朝外，双臂往前伸，双手食指指向双颊酒窝，右手拇指和食指在下巴做一个"V"。

歌词：愿与你分担所有

动作：双手食指向外指，双手往两侧外摊，手掌向上，双手举过头顶，手掌往身体两侧落下。

歌词：难免曾经跌倒和等候

动作：左手向外，推手掌朝外，右手向里缩，手掌向里，双手手掌向下，往右身侧做一个向下趴的动作，左手平放下巴，手掌向下。

歌词：要勇敢地抬头

动作：双手在胸前握拳，头往上仰。

歌词：谁愿常躲在避风的港口

动作：双手举起往身后摆，手掌往后，双手做"波浪"形摆动，右手手掌竖立，手掌向左，左手手掌摊平，手掌向上，往右手靠近。

歌词：宁有波涛汹涌的自由

动作：双手交叉放在胸前，双手做成波浪的形状，双手食指相对，上下摆动。

歌词：愿是你心中灯塔的守候

动作：左手捂胸口，左边做一个心形的动作，胸前右臂在上，右手掌朝下，往上抬，左臂在下，左手掌朝上，双手手掌放在下巴上，手掌朝下。

歌词：在迷雾中让你看透

动作：右手食指伸出画圈，右手食指向外指，右手食指和中指做成一个"V"指向双眼，"V"指腹向外指。

歌词：阳光总在风雨后

动作：先举左手过头顶，掌心向外，再举右手过头顶，掌心向外，双手做"波浪"形摆动，双手举起往身后摆，手掌往后。

歌词：乌云上有晴空

动作：左手做成鸭嘴的形状，左手食指向上指，双手交叉举过头顶，双手往身体两侧落下。

歌词：珍惜所有的感动

动作：双手合十，放在胸前，双手交叉举过头顶，双手往身体两侧落下，双手握拳，做成滚筒状。

歌词：每一份希望在你手中

动作：右手做成"1"从左往右，右手食指和中指并拢敲一下头，伸出双手食指向外指，双手平摊，手掌向上，右手背拍打左掌心。

歌词：阳光总在风雨后

动作：先举左手过头顶，掌心向外，再举右手过头顶，掌心向外，双手做"波浪"形摆动，双手举起往身后摆，手掌往后。

歌词：请相信有彩虹

动作：双手在胸前交叉，双手交叉举过头顶，手做成星星闪烁的动作，双手往身体两侧落下。

歌词：风风雨雨都接受

动作：双手做"波浪"形摆动，双手握拳，向里收。

歌词：我一直会在你的左右

动作：左手捂胸口，双手食指向外指，左手平摊掌心向上，向身体左边平移，右手平摊掌心向上，向身体右边平移。

插语：

同学们，漫漫人生路上，我们曾经跌倒，也曾经彷徨，但只要我们勇敢面对，耐心等待，那必将穿过重重迷雾，欣赏到灿烂的阳光。

结语：

同学们，让我们把苦涩的眼泪留给昨天，用不屈的毅力和坚定的信念去赢得美好的未来。请挺起你自信的胸膛，昂起你自尊的头颅，挺起你不屈的腰杆，在等待中不断努力、不断进取。请相信阳光总在风雨后，让我们扬起生活的风帆，在等待人生阳光的途中高歌猛进吧！

预设效果：

通过带动唱，以丰富的肢体动作加强与学生的互动，以实际行动歌颂遇到困难不轻言放弃的精神，适用于活动结尾的时候与学生的互动，以生动的形式作为对活动的总结。

品质9：热 情

海 草

活动类型： 带动唱

活动形式： 全体

所需器材： 音乐《海草》

活动目的：

（1）引导学生准确把握坚韧不拔、意志坚定价值理念的全部内涵。

（2）在参与过程中培养学生用辩证的方法分析挫折的能力。

（3）学会正确分析自己人生道路上遇到的各种挫折，树立正确的挫折观，养成勇于克服困难、战胜挫折的优良品质。

导语：

同学们，我们和身边的人都普普通通的，每个人在生活中都会遇到苦难、挫折、坎坷，感受过背叛和无助，但是不能被人看扁，更不能妄自菲薄，我们要努力坚强。人生来都是善良单纯的，但随着生活的压力带来的困难让你变得不再那么天真，不过不要忘记保留真诚，认真生活，像一根海草一样坚韧，开心快乐度过每天。

♪ **前奏动作：** 往左边波浪式摇摆两下，再往右边波浪式摇摆两下。

歌词： 像一颗海草海草海草海草

动作： 左手叉腰，右手往前上下摆动两下。

歌词： 随波飘摇

动作： 双手由下至上缓缓张开。

歌词：海草海草海草海草

动作：左手叉腰，右手往前上下摆动两下。

歌词：浪花里舞蹈

动作：双手合十，由左至右波浪式摇摆。

歌词：海草海草海草海草

动作：左手叉腰，右手往前上下摆动两下。

歌词：管它惊浪惊涛

动作：右手往后甩，双手放在肩上，然后往前摆动两下。

歌词：我有我乐逍遥

动作：双手穿过胸前往外张开。

歌词：人海啊茫茫啊

动作：左右手划过头顶各两下，左手扶着后脑勺，右手作指点三下。

歌词：随波逐流浮沉沉

动作：侧身摆动肩膀两下，半蹲手脚做两个开合动作。

歌词：人生啊如梦啊

动作：双手由下至上呈开花动作两下，左右手贴合，做两下睡眠动作。

歌词：亲爱的你在哪里

动作：左手半颗心，右手半颗心，左右手食指在头部做两下转圈。

歌词：像一棵海草海草海草海草

动作：左手叉腰，右手往前上下摆动两下。

歌词：随波飘摇

动作：双手由下至上呈开花动作一下。

歌词：海草海草海草海草

动作：左手叉腰，右手往前上下摆动两下。

歌词：浪花里舞蹈

动作：双手合十，由左至右波浪式摇摆。

歌词：海草海草海草海草

动作：左手叉腰，右手往前上下摆动两下。

歌词：管它惊浪惊涛

动作：右手往后甩，双手放在肩上，然后往前摆动两下。

歌词：我有我乐逍遥

动作：双手穿过胸前往外张开。

歌词：人海啊茫茫啊

动作：左右手划过头顶各两下，左手扶着后脑勺，右手作指点3下。

歌词：随波逐流浮沉沉

动作：侧身摆动肩膀两下，半蹲手脚做两个开合动作。

歌词：人生啊如梦啊

动作：双手由下至上呈开花动作两下，左右手贴合，做两下睡眠动作。

歌词：亲爱的你在哪里

动作：左手半颗心，右手半颗心，左右手食指在头部做两下转圈。

歌词：亲爱的你就在这里

动作：左手半颗心，右手半颗心，左右手大拇指指向自己。

插语：

同学们，长风破浪会有时，直挂云帆济沧海，尤其是年轻一代的成长更需要拥有一颗坚定的心。

结语：

昨天已经成为过去，年轻人还在不停地追求理想，要不忘初心，继续勇往直前。每个人一生中总会碰到这样或那样的困难，一个意志坚强的人会鼓足勇气、战胜困难，直到到达胜利的彼岸。

预设效果：

通过带动唱，让新时代的学生懂得明确目标，以坚定的决心付诸行动，"路行之而成"，路是人走出来的；进步也是人们用行动争取而来的。培养学生战胜困难的勇气和意志，学会用正确的方法战胜挫折，增强生命的韧劲。

快乐的一天开始了

活动类型：带动唱

活动形式：全体

所需器材：音乐《快乐的一天开始了》

活动目的：

通过趣味早操的形式带领学生锻炼身体，凭借欢快的节奏增强与学生的互动，从而让学生体会快乐原来很简单。

导语：

一天之计在于晨，美好的一天阳光明媚，风和日丽。沐浴着清晨的阳光，揉揉眼睛，开始刷牙洗脸，穿好衣服背上书包，然后开心地跟爸爸妈妈道别，开启一天的上学之旅。上学的路上，太阳公公向我微笑，树上的小鸟喳喳叫，在跟我打招呼。来到学校，见到老师亲切地问好，见到同学热情地打招呼，拉着手转圈圈。课间跟同学嬉笑打闹，度过简单而快乐的一天——快乐就是这么简单。

快乐就是一种选择，一种态度，有时在一念之间，快乐就降临在你的生活里。作家萨克雷说："生活是一面镜子，你对着它笑，它也对着你笑，你对着它哭，它也对着你哭。"这话说得很对，我想说，一个人，只要心里充满阳光，那么这阳光也会照耀他，赐予他永远的快乐！

♪　前奏动作：揉眼睛（做两次）、打哈欠、手做成牙刷的动作上下刷。左脚往右后方与右脚交叉，双手摆两侧，做出穿衣服的动作，双手往右拍两下（背书包）。

歌词：东边的太阳微微笑

动作：先举左手过头顶，掌心向外，再举右手过头顶，掌心向外，双手往身侧落下。

歌词：树上的小鸟啾啾叫

动作：左手先做成一只翅膀的动作，右手再做成一只翅膀的动作，双手做成翅膀的动作，身体左右摇摆。

歌词：可爱的宝宝上学校

动作：右手手掌打开，放在嘴边（做两下）身体跟着节奏动。

歌词：快乐的一天开始了

动作：双手在身侧打开，举过头顶，双脚与肩同宽，拍手，右手往上，左手往下打开。

歌词：老师早～老师早

动作：双手举过头顶，90°弯腰（左边），双手举过头顶，90°弯腰（右边）。

歌词：亲爱的老师早

动作：做成小鸟翅膀的动作，身体跟着音乐左右摇摆。

歌词：朋友早～朋友早

动作：双手举过头顶，90°弯腰（左边），双手举过头顶，90°弯腰（右边）。

歌词：亲爱的朋友早

动作：拉着旁边的小伙伴转圈。

间奏动作：小伙伴面对面，点头，双手击掌，转身背靠背，手叉腰，头往左歪笑一下，头往右歪笑一下（做两次）。

重复三次以上动作。

插语：

同学们，快乐像一缕明媚的阳光，可以照亮你灰暗的内心，让你看到生活的希望，还可以修复你受伤的心灵，让你重新脚踏实地地做一个对社会有贡献的人！

结语：

生活处处有快乐，让我们一起寻找快乐、探索快乐、拥有快乐吧！

预设效果：

通过带动唱，以趣味早操的形式，在早上活动开始前进行热身和活动锻炼，动作生动活泼，学生不会觉得沉闷，并能通过歌曲，懂得快乐简单的意义。

第三专题　仁慈与爱

品质10：爱

爱因为在心中

活动类型：带动唱

活动形式：全体

所需器材：音乐《爱因为在心中》

活动目的：

（1）通过带动唱，努力唤起学生奉献爱心的良知。

（2）引导学生通过学习抒发真情实感的习作来构筑健全的人格，懂得爱的无私、伟大、纯洁，激发学生爱的情感。

导语：

爱，在每个人心中。每个人都拥有一个梦，因为每个人的梦不同，所以很难得到共鸣，但这些梦想平凡却不平庸，因为每个人都拥有同样的感觉：爱，会让一切绽放。

歌词：当我睁开双眼每一天

动作：双手举过头顶张开，右手食指由右划过头顶落在胸前。

歌词：都会记得大家的笑脸

动作：右手平举打开，右手食指在脸前画一个半圆。

歌词：明白心中勇敢又多了一点

动作：左边半个圆，右边半个圆，组成一个心，双手举过头顶张开。

歌词：曾经哭泣也会看不见

动作：挥手，握拳摆动，挥手。

歌词：未来总会有别的喜悦

动作：手掌朝上，左右画圈摆动。

歌词：就让时间翻开崭新的一页

动作：手掌朝上，翻转，重复两下。

歌词：你的音符你的脸

动作：右手波浪状摆动，放在脸侧。

歌词：有种无声的语言

动作：右手食指放在嘴前，左右手食指做一个翻滚动作。

歌词：教我不退缩要坚持着信念

动作：左右手食指相对，缓缓斜向右下方，双手合十。

歌词：用音符画一个圈

动作：右手波浪状摆动，右手食指画一个圈。

歌词：经过都会被纪念

动作：手掌贴合，右手向右划过，右手食指弯曲指向太阳穴。

歌词：我想爱永远会留在你心间

动作：右手竖起拇指放在左手心上，双手画一个圆，组成一个心形放在前方。

歌词：每个人都拥有一个梦

动作：右手放在左手心，呈一个"人"字，双手合十贴着左边脸。

歌词：即使彼此不相同

动作：双手摊开，收在双肩，左右手食指从中间往两边分开。

歌词：能够与你分享

动作：双手交叉展开。

歌词：无论失败成功，都会感动

动作：左右手竖起大拇指，双手握拳做加油姿势。

歌词：爱因为在心中

动作：比心放在左胸前。

歌词：平凡而不平庸

动作：双手往左手散开，右手作"OK"姿势往左边点两下。

歌词：世界就像迷宫

动作：五指贴合呈一座山。

歌词：却又让我们此刻相逢our home

动作：双手放在胸前，交叉左右展开，五指贴合呈一座山。

插语：

生活处处充满爱，我们需要他人的关爱，使我们感受到他人以及社会的温暖。我们的爱是相互的，我们感受到他人的关心，也用自己的爱去关心和帮助他人。

结语：

在我们的生活中，处处都能感受到爱。我们需要去观察、感受他人对我们的爱，有的行为看起来与爱无关，只是有的人表达爱的方式较为不同。我们要相信，人人都充满爱与正能量。有的爱看起来渺小，甚至微不可察，却能让人感到一丝幸福。我们要学会感受他人的爱，并传递自己的爱与正能量，相信这个世界充满爱！

预设效果：

通过带动唱，激发学生内心的情感，并学会表达爱，让同学们感受到自己所拥有的爱，珍惜所拥有的爱，从而在生活中学会表达爱。

让爱传出去

活动类型：带动唱

活动形式：全体学生

所需器材：音乐《让爱传出去》

活动目的：

（1）加强学生思想道德建设，积极传播真善美、传递正能量。

（2）发挥好榜样作用，带动身边更多的人向上向善，弘扬社会主义核心价值观。

（3）大力弘扬、传播"奉献、友爱、互助、进步"的志愿服务精神。

导语：

感谢每一位平凡而伟大的中国人，感激每一位为抗击疫情拼过命的战士，感恩我们身后伟大的祖国！心存爱和希望，坚持不懈、坚定信心，我们定能取得胜利。

♪ 前奏动作：双手高举过头顶，左右摇摆。

歌词：爱是看不见的语言

动作：左手朝外竖起大拇指，右手触碰大拇指，双手交叉左右摇摆，伸出双手食指放在嘴巴前面并绕圈。

歌词：爱是摸不到的感觉

动作：左手朝外竖起大拇指，右手触碰大拇指，双手交叉左右摇摆，双手捂胸前。

歌词：爱是我们小小心愿

动作：左手朝外竖起大拇指，右手触碰大拇指，双手抱拳放胸前。

歌词：希望你平安快乐永远

动作：左手食指、拇指先指向太阳穴，再指向天空；左手搭右手放在胸前两侧，双臂打开做"7"手势，移动至胸前，双手举向天空。

歌词：爱是仰着头的喜悦

动作：左手朝外竖起大拇指，右手触碰大拇指，微微仰头，面带微笑。

歌词：爱是说不出的感谢

动作：左手朝外竖起大拇指，右手触碰大拇指，双手交叉左右摇摆，双手抱拳放胸前。

歌词：爱是每天多付出一点点

动作：左手朝外竖起大拇指，右手触碰大拇指，双手掌心朝上放在胸前，前后摆动。

歌词：双手合十不在乎考验

动作：双手合十，双手交叉左右摇摆，双手掌心向下平行绕圈。

歌词：让爱传出去

动作：双手做"比心"手势从胸前往前伸，张开手臂做拥抱手势。

歌词：它像阳光温暖我和你

动作：双手高举过头顶，掌心相对，手臂上下摆动，双手交叉抱胸。

歌词：不管有多遥远

动作：双手掌心相对放在胸前，慢慢往外打开。

歌词：总有到的那一天

动作：伸出左手掌心向右，右手做出"走路"手势，"走"向左手。

歌词：让爱传出去

动作：双手做"比心"手势从胸前往前伸，张开手臂做拥抱手势。

歌词：那前方漫漫人生路

动作：双手垂直由下而上举起。

歌词：有你的祝福

动作：双手抱拳，左面（一拍），正面（一拍），右面（一拍）。

歌词：没有过不去的苦

动作：双手交叉左右摇摆，伸出左手，用右手砍左手。

插语：

同学们，我们应树立"为中华之崛起而读书"的奋斗目标，抓住宝贵的时光勤学知识、锻炼身体，为报效国家和人民做好知识储备，扣好人生的第一粒扣子，迈好人生的第一个台阶。

结语：

对每一个中国人来说，爱国是本分，也是职责，是心之所系、情之所归。见证新时代、开启新征程，每一名中华儿女都应坚持爱国和爱党、爱社会主义高度统一，培养爱国之情、砥砺强国之志、实践报国之行，让爱国主义的旗帜始终在心中高扬，勇做新时代的追梦人、奋斗者。

预设效果：

通过带动唱，加强学生思想道德建设，积极传播真善美、传递正能量，弘扬社会主义核心价值观，大力弘扬、传播"奉献、友爱、互助、进步"的志愿服务精神。

品质11：善 良

平凡天使

活动类型：带动唱

活动形式：全体

所需器材：音乐《平凡天使》

活动目的：

（1）通过带动唱，激发学生自强不息、团结拼搏、无私奉献的民族情感，帮助学生培养责任意识和奉献精神。

（2）让学生体验爱、理解爱、珍惜爱、奉献爱，引导学生学会关心自己、孝敬父母、善待亲友、友爱同学、关爱周围的一切。

（3）学会在日常生活中对自己的行为负责，多一些责任和担当，多一些奉献和参与。

导语：

我们的现世安稳，不过是因为有这么一群可爱的人在为我们负重前行，他们是保家卫国的战士，他们是挺身而出的白衣天使，他们是平凡岗位上所有的平凡人。

歌词：别怕漫长的黑夜

动作：五指并拢，搭肩膀，双手拉开。

歌词：抬头看看星星，此刻正连成线

动作：双手在胸前交叉，双手"比心"，右手从左到右点四下，眼睛跟着右手动。

歌词：也许是一场考验

动作：双手先下后上，大拇指上下交叉，手背朝外。

歌词：看散落的心灵，此刻是否并肩

动作：视线从上到下，然后头回正看向前方；左手五指并拢放平，右手比

一，由内向外抖动手指。在胸前比心，双手打开，右手握拳搭到左肩，左手从下往前延伸。

歌词：当你祈祷能看见奇迹

动作：双手抱拳低头，大拇指和食指打开往外拉，同时做镜头动作。

歌词：你是否相信，那答案就是你

动作：食指和中指交叉，从左拉到右，然后五指并拢，手掌从下到上，同时低头再抬头，双手比"1"敲两下。

歌词：你是最平凡却最温暖的天使

动作：双手从身体两侧拉到身前，右手大拇指向上，左手五指并拢向下，然后双手五指并拢向下按，先左后右，右手比"1"在右上方转动两圈手腕，双臂在身体两侧上下动两次。

歌词：此刻风雨里，可幸有你的坚持

动作：五指并拢，掌心相对，左上到右下拉两次，右手点额头，随后握拳架起来，五指并拢打开，从左上拉到身体前面，握拳架起来，手背朝外抖动。

歌词：你带泪的笑容，有天会带来雨后的彩虹

动作：手指从上往下拉，双手比"1"微笑。右手指尖点额头，随后打开，掌心朝外，双手抖动，手指从右上拉到左下，右手划过头顶往斜上方打开。

歌词：世界因为你，在痛里有感动

动作：左手握拳，右手旋转手指，右手伸出去，旋转手指拉到胸前，低头，左手包住右手抬头。

歌词：多少次沿路颠簸

动作：五指并拢，搭肩膀，双手拉开。

歌词：多少大雨滂沱，我们都曾渡过

动作：双手在胸前交叉，双手比心，右手从左到右点四下，眼睛跟着右手动。

歌词：尽管会怕会难过

动作：双手先下后上，大拇指上下交叉，手背朝外。

歌词：同舟的你和我再不必退缩

动作：视线从上到下，头回正看前方，左手五指并拢放平，右手比"1"，

由内抖动手指。双手在胸前比心，然后打开，右手握拳搭到左肩，左手从下往前延伸。

歌词：当你祈祷能看见奇迹

动作：双手抱拳低头，大拇指和食指打开往外拉，同时做镜头动作。

歌词：你是否相信，那答案就是你，此刻风雨里，可幸有你的坚持

动作：食指和中指交叉，从左拉到右，五指并拢，手掌从下到上，同时低头抬头，双手比"1"敲两下。

歌词：你带泪的笑容，有天会带来雨后的彩虹

动作：手指从上往下拉，双手比"1"微笑。右手指尖点额头，随后打开，掌心朝外，双手抖动，手指从右上拉到左下，右手划过头顶往斜上方打开。

歌词：世界因为你，在痛里有感动

动作：左手握拳，右手旋转手指，右手伸出去，旋转手指拉到胸前，低头，左手包住右手抬头。

插语：

星辉漫漫，风雨无阻。微笑着流泪是因为感动，雨过天晴会有彩虹，因为你，这个世界在痛苦中有了无尽的触动。每个普通的天使，都能书写奇迹。光明会降临，黑暗也会消失。

结语：

长夜伴星辉，风雨亦无畏。笑容带泪叫感动，雨后初晴放彩虹，世界因为你，在痛里拥有无限感动。这样的日子里我们看遍了人间百态，如果你要问：这个世界还会好吗？答案就来自你——平凡的天使们。不要被暂时的黑暗打败，不要觉得力小不为，要用星光点亮星光，要用温暖传递温暖，要用爱，占领这个世界。因为有你，天使从来都在人间。

预设效果：

通过带动唱，以实际行动向那些在生活中默默地为我们付出的平凡人致敬，致敬那些不求回报、不为赞颂，却在艰难前行的路上创造温暖的人们，他们都是伟大的平凡天使。

朋 友

游戏类型：带动唱

活动形式：全体

所需器材：音乐《朋友》

活动目的：

（1）通过带动唱让学生体会到朋友的深沉含义。

（2）增进学生之间的友情，促进学生表达自己的感情。

（3）感受获得知己的愉快感觉。

导语：

我们任何人在这个世界上都不是孤立存在的，我们需要亲情，也需要友情。友情是春日的雨，夏日的风，秋日的果，冬日的阳，没有人能测量出友情的路有多长，友情的海有多深。它虽然是无形的，却蕴藏着一份惊人的伟大力量。俄国诗人普希金说过："不论是多情的诗句、美丽的文章，还是闲暇的快乐，什么都不能代替无比亲热的友情。"祝愿所有的同学，都能拥有相伴一生的朋友。

♪　歌词：这些年一个人

动作："这些年"，双手在胸前向两边划过；"一个人"，右手食指竖起，从右边往中间划回。

歌词：有过泪，有过错，还记得坚持什么

动作："有过泪"，双手举到脸上，手指舞动，手从上往下移动；"有过错"，双手在胸前交叉；"还记得"，右手轻点脑袋；"坚持"，双手握拳，往上举三下。

歌词：真爱过，才会懂，会寂寞，会回首

动作："真爱过"，双手在左胸比心；"才会懂"，右手轻捶左胸三下；"会寂寞"，双手抱手臂，头往下低；"会回首"，右脚屈膝，左脚往左边伸出，双手抱头往后看。

歌词：终有梦，终有你，在心中

动作："终有梦"，双手合十放在头的左侧，双膝盖微微下蹲；"终有你", 双手分开与肩同宽, 向前伸出; "在心中", 双手交握放在胸前, 头微微往下低。

歌词: 朋友一生一起走

动作: "朋友", 双手用力交握; "一生一起走", 左脚往前踏出一步, 双臂摆动做跑步状。

歌词: 那些日子不再有

动作: "那些日子", 双手拇指食指伸出, 做出"太阳"形状, 双手举高, 从左边划到右边; "不再", 双手前伸摇摆; 有: 双手握拳。

歌词: 一句话, 一辈子, 一生情, 一杯酒

动作: "一句话", 右手食指伸出, 从中间往右边划去; "一辈子", 双手从胸前往外伸出; "一生情", 双手往回收, 逐渐用力握紧拳; "一杯酒", 双手从里往外转圈并逐渐往上抬升, 到嘴巴处时右手拳头虚握, 头往后仰做喝酒状。

歌词: 朋友不曾孤单过

动作: "朋友", 双手用力交握; "不曾", 双手前伸摇摆; "孤单过", 双手手掌向上, 从外往里拢。

歌词: 一声朋友你会懂

动作: "一声", 右手竖起食指, 从外往中间收拢; "朋友", 双手竖起拇指; "你", 双手食指伸出指向前方; "会懂", 双手拇指指向自己。

歌词: 还有伤, 还有痛, 还要走, 还有我

动作: "还有伤", 右手手掌伸出, 劈向左手手臂; "还有痛", 双手握拳放于胸前, 双脚微蹲, 头微微低下; "还要走", 右手食指、中指往下伸做出"人"的形状, 左手手掌伸直, 右手小人往左手走; "还有我", 双手交握放在胸前, 先左后右往外划出。

间奏动作: 双手向上伸出, 随着音乐摇摆全身。

插语:

友谊是每当我们遭遇挫折时, 总能得到的安慰与鼓励; 友谊是每当我们感到无聊寂寞时, 总能收到的陪伴与愉快; 友谊是每当我们碰到矛盾冲突时, 总

能听到的道歉与谅解；友谊是每当我们遇到困难无助时，总能得到的鼓舞与帮助。这份友情，是我们身边的朋友给予的，我们要珍惜我们的朋友！

结语：

生活在这个多彩而又充满爱的世界上，没有一个人是孤立的，我们与他人会产生各种联结，而朋友是与我们有着最多联结的人。我们的一生会遇到很多朋友，有的像昙花一现，最终成为匆匆过客；有的会成为知己，在我们最需要帮助的时候，雪中送炭。朋友之间不需要太多的言语，维持友情更多的是需要用心地付出，用心去了解对方，也应该让对方体会到自己的用心。在人生旅途上，会有坎坷崎岖，但一路上有知己相伴，给我们鼓励关怀，这样的人生将不会寂寞。如果找到这样的一位朋友，请对他们说一声："有你，真好。"

预设效果：

通过带动唱《朋友》，学生能体会朋友之间在分别时的依依不舍，以及懂得对朋友关心爱护，明白朋友在人生中的重要性。

品质12：社交智力

学习雷锋好榜样

活动类型：带动唱

活动形式：全体

所需器材：音乐《学习雷锋好榜样》

活动目的：

（1）引导小学生了解、知道、学习雷锋精神。

（2）激发小学生勇于克服困难、勤俭节约、奋发进取的精神。

导语：

同学们，60年前，毛主席提笔写下"向雷锋同志学习"，如今，每当长辈、老师、同学提起雷锋，我们的第一反应便是乐于助人。助人为乐是雷锋精神的主体，帮助别人也是每个人应尽的责任。作为一个小学生，要在自己力所能及的情况下帮助他人，助人自乐，遇到自己不能帮忙的，还可以求助师长，只要人人都献出一点爱，世界将会更加美好。

歌词：学习雷锋好榜样

动作：双手掌心向上放在胸前，做"看书"动作，左手握拳，右手包着左手，双手张开，左手掌心向下，右手掌心向上，45°往外伸直。

歌词：忠于革命忠于党

动作：右手拍肩，握拳往右边张开，收回来再握拳，拳心向前，放在耳边，做"宣誓"动作。

歌词：爱憎分明不忘本

动作：左手手刀在下，右手掌平摊向下，两手摆动3下，右手做"不"动作3次。

歌词：立场坚定斗志强

动作：原地立正动作，右手做"加油"动作。

歌词：立场坚定斗志强

动作：原地立正动作，右手做"加油"动作。

歌词：学习雷锋好榜样

动作：双手掌心向上放在胸前，做"看书"动作，左手握拳，右手包着左手，双手张开，左手掌心向下，右手掌心向上，45°往外伸直。

歌词：放到哪里哪里亮

动作：双手做"播种"动作，从左到右；双手做"闪亮的星星"动作，从上往下。

歌词：愿做革命的螺丝钉

动作：双手做祈祷动作，左手包右手拳，右手拳捶左手拳三次。

歌词：集体主义思想放光芒

动作：双手张开往后画圆，双手做"闪亮的星星"动作，从上往下。

歌词：集体主义思想放光芒

动作：双手张开往后画圆，双手做"闪亮的星星"动作，从上往下。

歌词：学习雷锋好榜样

动作：双手掌心向上放在胸前，做"看书"动作，左手握拳，右手包着左手，双手张开，左手掌心向下，右手掌心向上，45°往外伸直。

歌词：毛主席的教导记心上

动作：双手手刀由外往内呈"海水倒灌"动作，右手放在心前。

歌词：紧紧握住手中枪

动作：左手在腹前握拳，右手平着头部，呈持枪动作。

歌词：努力学习天天向上

动作：双手做"看书"动作，从下往上，掌心向上伸展张开。

歌词：努力学习天天向上

动作：双手做"看书"动作，从下往上，掌心向上伸展张开。

插语：

同学们，毛爷爷曾经说过"一个人，做一件好事不难，难的是做一辈子的好事"，你们愿意做好学生吗？你们愿意做一辈子的好事吗？

结语：

同学们，我们要从每件小事开始向雷锋同志学习，捡起地上的小纸团，你就是爱清洁、爱环保、爱卫生的环保小卫士；帮助身边有困难的同学，你就是有爱心的好朋友；是端上一杯热气腾腾的热茶给刚下班的爸爸妈妈，为他们献上一首《学习雷锋好榜样》，这就是学雷锋的具体表现，在这一刻你收获的是快乐。

预设效果：

通过带动唱，学生懂得助人自乐，从玩中乐、从乐中学、从学中懂得什么是雷锋精神。

奉 献

活动类型：带动唱

活动形式：全体

所需器材：音乐《奉献》

活动目的：

（1）联系实际，让学生体验爱、理解爱、珍惜爱、奉献爱。

（2）引导学生学会关心自己、孝敬父母、善待亲友、友爱同学、关爱周围的一切。

导语：

人的一生都在奋斗，但一个人的成就不在于他赚了多少钱，而在于他为他人、为社会、为祖国做了多少奉献，在于真心的付出。当一个人把善良传递给他人而忘记自己的时候，人生的价值才会不期而遇。

♪ 歌词：长路奉献给远方

动作：重叠手臂、托一个小爱心用双手送出。

歌词：玫瑰奉献给爱情

动作：双手比花，再比一个心。

歌词：我拿什么奉献给你

动作：双手轻拍胸膛，右手抓、托一个小爱心用双手向前摊。

歌词：我的爱人

动作：双手轻拍胸膛，双手环抱。

歌词：白云奉献给草场

动作：双手举过头顶。

歌词：江河奉献给海洋

动作：左手由左往右呈波浪摆动。

歌词：我拿什么奉献给你

动作：双手轻拍胸膛，右手抓、托一个小爱心用双手向前摊。

歌词：我的朋友

动作：双手轻拍胸膛，双手环抱。

歌词：我拿什么奉献给你

动作：双手轻拍胸膛，右手抓、托一个小爱心用双手向前摊。

歌词：我不停地问

动作：双手轻拍胸膛，双手放在嘴旁两侧。

歌词：我不停地找

动作：双手轻拍胸膛，右手掌放在眉上。

歌词：不停地想

动作：双手食指旋转画圈。

歌词：白鸽奉献给蓝天

动作：左右手拇指相扣飞向天空。

歌词：星光奉献给长夜

动作：双手举过头顶，手指聚拢、张开，手掌贴合放在脸的左侧。

歌词：我拿什么奉献给你

动作：双手轻拍胸膛，右手抓、托一个小爱心用双手向前摊。

歌词：我的小孩

动作：双手轻拍胸膛，双手环抱。

歌词：雨季奉献给大地

动作：双手举过头顶，手指轻摆，缓缓滑落。

歌词：岁月奉献给季节

动作：双手轻拍胸膛，左右手交叉展开。

歌词：我拿什么奉献给你

动作：双手轻拍胸膛，右手抓、托一个小爱心用双手向前摊。

歌词：我的爹娘

动作：双手轻拍胸膛，双手环抱。

歌词：我拿什么奉献给你

动作：双手轻拍胸膛，右手抓、托一个小爱心用双手向前摊。

歌词：我不停地问

动作：双手轻拍胸膛，双手放在嘴旁两侧。

歌词：我不停地找

动作：双手轻拍胸膛，右手掌放在眉上。

歌词：不停地想

动作：双手食指旋转画圈。

插语：

同学们，你们心中的梦想、爱和力量，都会成为你日后崛起的动力。人生的价值在于不断被唤醒，人生的价值在于历练，经过不断修炼，才能影响他人。人生的价值还在于奉献，在于觉悟。

结语：

我们无法选择自己的出身，但我们可以通过后天的努力获得一定程度的进步。我们做出的奉献并不是最大的，但我们能尽力实现自己的价值。

预设效果：

通过带动唱，同学们能领悟奉献是什么，并在日常生活中遇到困难时能主动担当，履行职责时多一份尽心尽力，努力克服自身缺点，激发奉献情感，学会关心、帮助他人。

第四专题　正　义

品质13：领导力

我的中国心

游戏类型：带动唱

活动形式：全体

所需器材：音乐《我的中国心》

活动目的：

（1）让学生学会感恩家庭、感恩祖国，做一个孝顺的孩子。

（2）用温和的歌舞《我的中国心》放松学生紧张的心态，使他们在一天中剩下的时间里不会感到压力与压抑。

导语：

同学们，祖国在进步，世界在发展，美好的未来即将展现在我们眼前。要实现美好的愿望，要求我们掌握更多的科学文化知识，只有这样我们才不会被时代淘汰，才能主宰未来。明天我们所面对的挑战会更多，但今天，战胜了自己也就战胜了一切，把握机遇，就能获胜。愿我们每个人都能带着优异的成绩迎接美好的未来，为报效祖国而积蓄力量！我们的决心是坚定的，我们的步伐是坚实的，我们的声音是最响亮的，光明就在眼前，为了祖国，为了明天，让我们爆发全部的激情，冲向理想的彼岸吧！

♪ 歌词：河山只在我梦萦

动作：右手往右前方伸出，随即收回至耳朵上方转圈。

歌词：祖国已多年未亲近

动作：左手往左前方伸出，随即收回至右肩前方摆"NO"状。

歌词：可是不管怎样也改变不了

动作：双手前伸，随即伸出食指做"NO"状。

歌词：我的中国心

动作：接上一动作结尾，双手收回至胸口做捂心口状。

歌词：洋装虽然穿在身

动作：双手从两侧往下滑。

歌词：我心依然是中国心

动作：接上一动作，右手举起握拳做竖立状。

歌词：我的祖先早已把我的一切

动作：双手举至脸前，用大拇指指着自己。

歌词：烙上中国印

动作：立正站好，随后左手放腰后，右手猛击两下心口。

歌词：长江长城黄山黄河

动作：双手高举过头大幅度左右摇摆直至这段结束。

歌词：在我心中重千斤

动作：接上一动作结尾，双手收回至心口"比心"形，随后右手平放，手掌朝上；左手握拳做敲击状，敲右手手掌三至四次。

歌词：无论何时无论何地

动作：左手前伸，随后右手伸出。

歌词：心中一样亲

动作：双手交叉至胸前，两手各做"比心"动作。

歌词：流在心里的血

动作：接上一动作，收回双手至心口前做波浪状。

歌词：澎湃着中华的声音

动作：右脚前伸，右手放置耳朵旁做"听"状。

歌词：就算身在他乡也改变不了

动作：左手往左前方伸出，随后收回左手，双手举至胸前摇摆呈"NO"状。

歌词：我的中国心

动作：双手收回至胸口做捂心口状。

歌词：长江长城黄山黄河

动作：双手高举过头大幅度左右摇摆直至这段结束。

歌词：在我心中重千斤

动作：接上一动作结尾，双手收回至心口"比心"形，随后右手平放，手掌朝上；左手握拳做敲击状，敲右手手掌三至四次。

歌词：无论何时无论何地

动作：左手前伸，随后右手伸出。

歌词：心中一样亲

动作：双手交叉至胸前，两手各做"比心"动作。

歌词：流在心里的血

动作：接上一动作，收回双手至心口前做波浪状。

歌词：澎湃着中华的声音

动作：右脚前伸，右手放置耳朵旁做"听"状。

歌词：就算身在他乡也改变不了

动作：左手往左前方伸出随后收回左手，双手举至胸前摇摆呈"NO"状。

歌词：我的中国心

动作：双手收回至胸口做捂心口状。

插语1：

作为21世纪中国的少年儿童，我们要发奋学习，掌握本领，早日成才，把我们的祖国建设得更加繁荣富强，让人民的生活变得更加美好！

插语2：

爱国就是对祖国忠诚和热爱。历朝历代，许多仁人志士都具有强烈的忧国忧民思想，以国事为己任，前赴后继，临难不屈，保卫祖国，关怀民生。这种可贵的精神，使中华民族历经灾难而不衰。爱国的内容十分广泛：热爱祖国的山河，热爱民族的历史，关心祖国的命运，在危难之时英勇战斗为国捐躯，都是爱国主义的表现。

结语：

虽然我们生在了世纪之交，对中国在上个世纪所遭遇的屈辱凌乱，我们无能为力，无法为中国再涂上更鲜艳的红色；有幸，我们站在了新世纪的起点，21世纪的激励与挑战给了我们一片大展宏图之地，我们要用自己的青春和热血让中国永不褪色！

预设效果：

学生们从歌舞中体会到对祖国的爱。

中国青年志愿者之歌

活动类型：带动唱

活动形式：全体

所需器材：音乐《中国青年志愿者之歌》

活动目的：

（1）使学生懂得"互相帮助、助人自助、无私奉献、不求回报"的道理。

（2）培养学生对父母、对他人、对社会的感恩意识。

（3）学会为有需要的人做一些力所能及的事情。

导语：

与人为善、有爱无碍、平等尊重，这便是友爱精神，志愿者之爱跨越了国界、职业和贫富差距，是没有文化差异，没有民族之分，不论高低贵贱的平等之爱，它让社会充满阳光般的温暖。

歌词：伸出你的手

动作：掌心朝上，双手端平轻轻摆动。

歌词：初次相识却已是朋友

动作：双手食指合并由中间往两端拉开，双手竖起大拇指。

歌词：放飞和平鸽

动作：双手拇指相扣，由右边滑向头顶，双手在身体两侧自然垂下。

歌词：蓝天大地响彻我的问候

动作：掌心朝上向左右两侧张开，随后双手放在耳边，手指轻摆，双手食指打圈翻滚。

歌词：我们是青年志愿者

动作：双手放在胸膛，右手做一个对的动作，由中间滑向右边，右手放在左肩。

歌词：用奉献共创温馨家园

动作：掌心朝上向左右两侧张开，双手交叉放在双肩，五指贴合由右滑向左。

歌词：我们是青年志愿者

动作：双手放在胸膛，右手做一个对的动作，由中间滑向右边，然后右手放在左肩。

歌词：用爱心把旗帜铸就

动作：左手半圆，右手半圆，组"心"形由右边滑向中间，右手高举过头顶张开。

歌词：青春似火，青春闪光，青春无悔，青春不朽

动作：双手滚动，双手高举过头顶滑向两侧，右手轻拍胸膛，然后高举过头顶打开，双手握拳端直。

歌词：青年志愿者

动作：右手做一个对的动作，由中间滑向右边，右手放在左肩。

歌词：挽起你的手

动作：右手抓左手腕，端平。

歌词：风雨同舟并肩向前走

动作：双手手指在眼前摆动，右手握拳端平。

歌词：放歌新时代

动作：双手放在嘴旁，掌心朝前，然后向两端张开。

歌词：五湖四海建设新神州

动作：双手轻拍两下，反手缓缓向上抬。

歌词：我们是青年志愿者

动作：双手放在胸膛，右手做一个"对"的动作，由中间滑向右边，右手放在左肩。

歌词：用真情迎接美好明天

动作：双手在中间划过头顶张开。

歌词：我们是青年志愿者

动作：双手放在胸膛，右手做一个"对"的动作，由中间滑向右边，右手放在左肩。

歌词：用热血来书写春秋

动作：双手拍打，左手掌摊开，右手食指在左手掌书写，右手高举过头顶打开。

歌词：青春似火，青春闪光，青春无悔，青春不朽

动作：双手滚动，双手高举过头顶滑向两端，右手轻拍胸膛，然后高举过头顶打开，双手握拳端直。

歌词：青年志愿者

动作：右手做一个"对"的动作，由中间滑向右边，右手放在左肩。

歌词：伸出你的手

动作：掌心朝上，双手端平轻轻摆动。

歌词：初次相识却已是朋友

动作：双手食指合并由中间往两侧拉开，双手竖起大拇指。

歌词：放飞和平鸽

动作：双手拇指相扣，由右边滑向头顶，双手在身体两侧自然垂下。

歌词：蓝天大地响彻我的问候

动作：掌心朝上向左右两侧张开，随后双手放在耳边，手指轻摆，双手食指打圈翻滚。

歌词：我们是青年志愿者

动作：双手放在胸膛，右手做一个"对"的动作，由中间滑向右边，右手放在左肩。

歌词：用奉献共创温馨家园

动作：掌心朝上向左右两侧张开，双手交叉放在双肩，五指贴合由右滑向左。

歌词：我们是青年志愿者

动作：双手放在胸膛，右手做一个"对"的动作，由中间滑向右边，然后右手放在左肩。

歌词：用爱心把旗帜铸就

动作：左手半圆，右手半圆，组一个"心"形由右边滑向中间，右手高举过头顶张开。

歌词：青春似火，青春闪光，青春无悔，青春不朽

动作：双手滚动，双手高举过头顶滑向两侧，右手轻拍胸膛，然后高举过头顶打开，双手握拳端直。

歌词：青年志愿者

动作：双手放在胸膛，右手做一个"对"的动作，由中间滑向右边，右手放在左肩。

插语：

生活中，"互助"精神唤醒了许多人内心的仁爱和慈善，使他们付出所余，持之以恒地真心奉献。

结语：

我们首先要有精神理想上的强大，因为做任何事情背后都要有理想信念的支撑。怀有为社会的长远发展服务的愿望，常怀关爱之心，常思他人所需，让志愿服务成为一件快乐的事情。

预设效果：

通过带动唱，同学们懂得"互相帮助、助人自助、无私奉献、不求回报"的道理。奉献自己的时间、精力或资源，在不为己利、不取报酬的情况下，为改善他人生活、促进社会进步而提供服务。培养学生一种博大的情怀和敢于吃苦耐劳的担当。

品质14：团队精神

青海青

活动类型：带动唱

活动形式：全体

所需器材：音乐《青海青》

活动目的：

这首歌，歌颂青海美丽的风光。通过带动唱，学生能领略祖国山河的辽阔和壮丽，增强民族自豪感，跟随音乐节奏摇摆，能培养学生的节奏感和团体合作的精神。

导语：

同学们，我们祖国的美丽山河需要我们创造，祖国美好的明天需要我们守护，让我们一起祝愿，祖国的明天更好。

前奏动作：左右摇摆

歌词：青海青黄河黄　更有那滔滔的金沙江　雪浩浩山苍苍　祁连山下好牧场

动作：双手张开，双手分别搭在旁边的人的肩膀上，导师唱起歌词，单数排的人从左边向右边跟随音乐摆动；双数排的人，从右边向左边跟随音乐摆动。

插语：

同学们，我们的祖国有1045万平方公里的疆土，我们的祖国有山清水秀的自然风光，我们的祖国有五千年的灿烂文化，我为我是一名中国人自豪。

结语：

国家富强，人民安居乐业，我们肩负建设祖国美好明天的使命。同学们，让我们不负前辈的期待，一起携手，团结一心，为祖国美好未来奋斗，同时也祝愿我们的祖国明天更好，山河永固，国泰民安。

预设效果及适用场景：

通过带动唱，歌颂祖国的美丽山河，感叹大自然的天造地设，让学生感受祖国山河的壮丽，增强民族自豪感和信念感，锻炼合作的精神。适用于活动中的一些互动，能快速打破隔阂，增强人们的熟悉感。

玛卡莲娜

游戏类型： 带动唱

活动形式： 人数不限

所需器材： 音箱、音乐《玛卡莲娜》

活动目的：

（1）知道生活、学习压力带来的影响，既有积极的一面，也有消极的一面，了解正确应对压力的方法。

（2）掌握情绪调节的方法，学会自我调节。

（3）引导学生逐渐养成积极乐观的生活态度。

导语：

通过唱唱跳跳，做做运动操，从而提高免疫力，对加强自我防护，缓解情绪是非常有效的途径，希望每个同学都能积极面对压力带来的负面情绪，不管遇到什么问题每天都能保持好心情。

♪ **歌词：**（纯音乐）

动作： 全程腰胯部以下左右晃动来舞动。

第一，伸出右手，掌心向下；

第二，左手掌心向下；

第三，右手掌心向上；

第四，左手掌心向上；

第五，右手搭在左肩膀；

第六，左手搭在右肩膀；

第七，打开左手；

第八，然后打开右手；

第九，把右手放到后脑勺；

第十，把左手放到后脑勺；

第十一，左手抱着右腰部；

第十二，右手抱着左腰部；

第十三，把左手抽出来，拍左边胯部；

第十四，右手再抽出来，拍右边胯部；

第十五，扭动两个节拍；

第十六，上述动作完整为一组，完成以上一组动作后转90°方向，再重复上述动作即可。

插语：

压力并不可怕，可怕的是在心理和精神上被压力击垮，压力是不可避免的，却也是可以战胜的，如何战胜压力？战胜压力的最佳方法是：先放"心"面对，再用"心"解决。

结语：

用积极乐观的态度和思维看待问题，寻找可以让自己接受的角度，远离消极的情绪；调整自己看问题的角度，学会从不同的角度去看问题，换位思考。

预设效果：

通过《玛卡莲娜》带动唱，给同学们提供释放压力和负面情绪的平台、机会，借助这个契机，鼓舞同学们战胜自己的负面情绪和压力，激发战胜压力的潜能和自信心，学会自我调节情绪和压力的方法，逐渐养成积极乐观的生活态度。

品质15：公 平

平等歌

活动类型：带动唱

活动形式：全体

所需器材：音乐《平等歌》

活动目的：

（1）引导学生准确把握"自由、平等、公正、法治"价值理念的全部内涵。

（2）有利于学生身心健康发展，提高学生自尊心，使学生既不欺负别人，也不受别人的歧视、欺负，明白自己是一个独立的个体。

（3）培养学生正确的"三观"及平等观念，提高学生的辨别能力，使其形成正确的判断力和道德观，为学生更好地步入社会打基础。

导语：

同学们，我们不应再抱怨差距，要做的是相信自己！提高自己！超越自己！

原始站姿：笔直站立，双手紧贴大腿，双脚相互靠拢，呈"八"字形。

前奏动作：左右摆头。

歌词：**互相理解互相尊重**

动作：左手放在右肩，上身往右下方微微前倾，头向右点头后还原（四拍）；右手放在左肩，上身往左下方微微前倾，头向左点头，还原（四拍）。

歌词：**我们把爱心放在天平**

动作：双手交叉置于双肩（二拍），双手做出爱心形状放在心脏的位置上（二拍），右手上举（掌心朝上）与水平呈45°（二拍），还原（二拍）。

歌词：**减少暴雨，减少狂风**

动作：双手上举（掌心相对），前臂右摆动（二拍），前臂左摆动（二拍），前臂右摆动（二拍），前臂左摆动（二拍）。

歌词：**我们把风雨变成彩虹**

动作：手掌重叠（右手在上）置于胸前（二拍），右手上举（掌心朝上）与水平呈45°（二拍），左手向下放（掌心朝下）与水平呈45°（二拍），右手收回至左肩后上举（掌心朝前）划出彩虹形状（四拍）。

歌词：**把你当作我自己**

动作：缓慢向前伸出双手（掌心朝上，手指并拢）（四拍），缓慢回放至心心脏的位置上（四拍）。

歌词：**把爱融入大家庭**

动作：双手呈"爱心"形状置于胸前（二拍），左脚向前一步，手掌重叠（指尖朝上）经前举至侧举到上举，然后指尖触碰呈三角形状。

歌词：没人生来低一等

动作：双脚开立与肩同宽，双手胸前交叉做出"NO"的动作，两手握拳，左手侧下举（拳眼朝前），右手侧上举45°并手臂弯曲呈90°（拳眼朝内），向右转体90°，右脚脚尖着地向前迈一步。

歌词：大家都是主人翁

动作：左手握拳竖起大拇指前举（二拍），右手握拳竖起大拇指前举（二拍），左右手同步转动（四拍）。

歌词：把你当作我自己

动作：缓慢向前伸出双手（掌心朝上，手指并拢）（四拍），缓慢回放至心上（四拍）。

歌词：把爱融入大家庭

动作：双手呈爱心形状置于胸前（二拍），左脚向前一步，手掌重叠（指尖朝上）经前举至侧举到上举，然后指尖触碰呈三角形状。

歌词：没人生来低一等

动作：双脚开立与肩同宽，双手胸前交叉做出"NO"的动作，两手握拳，左手侧下举（拳眼朝前），右手侧上举45°并手臂弯曲呈90°（拳眼朝内），向右转体90°，右脚脚尖着地向前迈一步。

歌词：大家都是主人翁

动作：左手握拳竖起大拇指前举（二拍），右手握拳竖起大拇指前举（二拍），左右手同步转动（四拍）。

过渡：原地踏步

歌词：互相理解互相尊重

动作：左手放在右肩，上身往右下方微微前倾，头向右点头后还原（四拍）；右手放在左肩，上身往左下方微微前倾，头向左点头，还原（四拍）。

歌词：我们把爱心放在天平

动作：双手交叉置于双肩（二拍），双手做出爱心形状放在心脏的位置上（二拍），右手上举（掌心朝上）与水平呈45°（二拍），还原（二拍）。

歌词：减少暴雨，减少狂风

动作：双手上举（掌心相对）前臂右摆动（二拍），前臂左摆动（二拍），前臂右摆动（二拍），前臂左摆动（二拍）。

歌词：我们把风雨变成彩虹

动作：手掌重叠（右手在上）置于胸前（二拍），右手上举（掌心朝上）与水平呈45°（二拍），左手向下放（掌心朝下）与水平呈45°（二拍），右手收回至左肩后上举（掌心朝前）划出彩虹形状（四拍）。

歌词：把你当作我自己

动作：缓慢向前伸出双手（掌心朝上，手指并拢）（四拍），缓慢回放至心脏的位置上（四拍）。

歌词：把爱融入大家庭

动作：双手呈爱心形状置于胸前（二拍），左脚向前一步，手掌重叠（指尖朝上）经前举至侧举到上举，然后指尖触碰呈三角形状。

歌词：没人生来低一等

动作：双脚开立与肩同宽，双手胸前交叉做出NO的动作，两手握拳，左手侧下举（拳眼朝前），右手侧上举45°并手臂弯曲呈90°（拳眼朝内），向右转体90°，右脚脚尖着地向前迈一步。

歌词：大家都是主人翁

动作：左手握拳竖起大拇指前举（二拍），右手握拳竖起大拇指前举（二拍），左右手同步转动（四拍）。

歌词：把你当作我自己

动作：缓慢向前伸出双手（掌心朝上，手指并拢）（四拍），缓慢回放至心脏的位置上（四拍）。

歌词：把爱融入大家庭

动作：双手呈"爱心"形状置于胸前（二拍），左脚向前一步，手掌重叠（指尖朝上）经前举至侧举到上举，然后指尖触碰呈三角形状。

歌词：没人生来低一等

动作：双脚开立与肩同宽，双手胸前交叉做出"NO"的动作，两手握拳，左手侧下举（拳眼朝前），右手侧上举45°并手臂弯曲呈90°（拳眼朝内），向右转体90°，右脚脚尖着地向前迈一步。

歌词：大家都是主人翁

动作：左手握拳竖起大拇指前举（二拍），右手握拳竖起大拇指前举（二拍），左右手同步转动（四拍）。

过渡：原地踏步

歌词：把你当作我自己

动作：缓慢向前伸出双手（掌心朝上，手指并拢）（四拍），缓慢回放至心脏的位置上（四拍）。

歌词：把爱融入大家庭

动作：双手呈"爱心"形状置于胸前（二拍），左脚向前一步，手掌重叠（指尖朝上）经前举至侧举到上举，然后指尖触碰呈三角形状。

歌词：没人生来低一等

动作：双脚开立与肩同宽，双手胸前交叉做出"NO"的动作，两手握拳，左手侧下举（拳眼朝前），右手侧上举45°并手臂弯曲呈90°（拳眼朝内），向右转体90°，右脚脚尖着地向前迈一步。

歌词：大家都是主人翁

动作：左手握拳竖起大拇指前举（二拍），右手握拳竖起大拇指前举（二拍），左右手同步转动（四拍）。

歌词：把你当作我自己

动作：缓慢向前伸出双手（掌心朝上，手指并拢）（四拍），缓慢回放至心脏的位置上（四拍）。

歌词：把爱融入大家庭

动作：双手呈"爱心"形状置于胸前（二拍），左脚向前一步，手掌重叠（指尖朝上）经前举至侧举到上举，然后指尖触碰呈三角形状。

歌词：没人生来低一等

动作：双脚开立与肩同宽，双手胸前交叉做出"NO"的动作，两手握拳，左手侧下举（拳眼朝前），右手侧上举45°并手臂弯曲呈90°（拳眼朝内），向右转体90°，右脚脚尖着地向前迈一步。

歌词：大家都是主人翁

动作：左手握拳竖起大拇指前举（二拍），右手握拳竖起大拇指前举（二拍），左右手同步转动（四拍）。

歌词：大家都是主人翁

动作：左手握拳竖起大拇指前举（二拍），右手握拳竖起大拇指前举（二拍），左右手同步转动（四拍）。

结语：

总会有人说："上天太不公平了，为什么所有的不幸都让我碰上了？"事实上，上天对每个人都是公平的，只是因为各种因素导致你觉得上天不公。而恰恰相反，正是这些磨炼让你成长，明白了人情世故。所以我们不要埋怨，是人类的贪婪和无穷的欲望，让我们看到了社会中的不平等。而我们要做的是摆正自己的心态，平心静气地对待生活，平等对待每个生命，也许他们同你有一样的遭遇。"不平等"的人，干平等的事，我们要拥有一颗平等之心！

预设效果：

通过带动唱，学生能明白平等地对待每一个人是我们的责任，知道平等、自由、安定、幸福来之不易，要双倍付出，加倍珍惜。

正义之道

游戏类型：带动唱

活动形式：全体

所需器材：音乐《正义之道》

活动目的：

（1）让学生正确认识什么是正义，对正义充满向往和追求，做有正义感的人。

（2）学会公正待人，与他人之间公平竞争、公平合作。

（3）让学生具有崇高正直的优良品质，树立以自觉遵守各项社会制度和规则为荣的意识。

导语：

正义也许会迟到，但绝不会缺席！

♪ 前奏动作：自然站立。

歌词：抬起头望一望

动作：自然站立，双脚并拢，双臂上举至与肩水平（掌心朝上），而后右手大拇指顶着额头（掌心朝下）并微微抬头。

歌词：天与地两茫茫

动作：双手做手枪动作，双手由往上指到往下指，转为双手握拳交叉于腹前，双手手掌张开并向两侧移动。

歌词：心中会有一种思念叫作家乡

动作：双手在胸口做"比心"动作；右手摆出"1"的形状向前伸；双手握拳侧举，食指指向头部做圆圈；运动的同时头部左右摆动；双手四指指尖相碰与大拇指形成三角形形状向前伸。

歌词：浑身带着伤风雨里我独自闯

动作：左手手掌张开前伸，内旋成拳；右手手掌张开前伸，内旋成拳；右手前臂靠在左肩，四指并拢成掌状，掌心朝下，向右转头；双手从上往下做波浪形状；重叠手掌于胸前；双手握拳，前臂水平交叉于胸前、右拳在上并前冲。

歌词：只管岁月流转年少太轻狂

动作：内手腕相接触，手后伸成80°左右，握拳伸出食指，左手食指向上，右手食指向下，以手腕接触处为中心逆时针旋转180°交换食指位置；双手手掌呈握球状指向头部，头部向左摆动的同时左手旋内、右手旋外，头部向右摆动的同时左手旋外、右手旋内。

歌词：举起了手中的酒啊

动作：左手四指并拢，掌心朝上化为杯托，右手化为酒杯形状置于左手手掌上方，双手同时从右前方移至左前方后拿起"酒杯"做喝酒动作。

歌词：今生就做朋友

动作：右手前伸做点赞动作、左手前伸做点赞动作，拳头在胸前相碰（手背朝前，手心朝后）。

歌词：就算天高地厚咱也要一起走

动作：双手做手枪动作，双手由往上指到往下指；双手握拳在胸前（手心向下、大拇指伸出）指向胸口；两臂弯曲呈90°，自然前后摆动并原地踏步。

歌词：时间像流水

动作：内手腕相接触，手后伸成80°左右，握拳伸出食指，左手食指向上，右手食指向下，以手腕接触处为中心逆时针旋转180°交换食指位置；左臂在下，右臂在上横于胸前，往两侧移动做水平方向的波浪动作。

歌词：就像黄河水在流

动作：双手上举从前上方往下做波浪动作。

歌词：多少时光就一去不再回头

动作：内手腕相接触，手后伸呈80°左右，握拳伸出食指，左手食指向上，右手食指向下，以手腕接触处为中心逆时针旋转180°交换食指位置；右脚往前迈一步，右臂横于下巴前15厘米处，左手握拳后伸，左右摇头。

歌词：正道的光照在了大地上

动作：右臂横于胸前15厘米处，（四指并拢，掌心朝下）；以手肘为中心，前臂向上举；前臂复原上个动作，四指张开，掌心向后；右手保持不动，左手与右手交叉做同样动作，双手握拳，张开两次后，双臂从下往两侧斜指向地面。

歌词：把每个黑暗的地方全部都照亮

动作：右手成掌（掌心向上）做托举动作从胸前移动到右侧，左手成掌（掌心向上）做托举动作从胸前移动到左侧；双手从向右洒水至向上洒水到向左洒水。

歌词：坦荡是光像男儿的胸膛

动作：右手指尖先触碰左肩，到右肩后手臂弯曲呈90°侧举，并由拳变掌（掌心向前，五指张开）；左手指尖先触碰右肩，到左肩而后手臂弯曲呈90°侧举，并由拳变掌（掌心向前，五指张开）。

歌词：有无穷的力量如此的坚强

动作：双手握拳横于胸前做相互环绕运动；双手侧举做出大力士动作；双拳对撞一次后前伸做点赞动作。

以上重复一遍接下。

歌词：正道的光照在了大地上

动作：右臂横于胸前15厘米处，（四指并拢，掌心朝下）；以手肘为中心，前臂向上举；前臂复原上个动作，四指张开，掌心向后；右手保持不动，左手与右手交叉做同样动作，双手握拳，张开两次后，双臂从下往两侧斜指向地面。

歌词：把每个黑暗的地方全部都照亮

动作：右手成掌（掌心向上）做托举动作从胸前移动到右侧，左手成掌（掌心向上）做托举动作从胸前移动到左侧；双手从向右洒水至向上洒水到向左洒水。

歌词：坦荡是光像男儿的胸膛

动作：右手指尖先触碰左肩，到右肩后手臂弯曲呈90°侧举，并由拳变掌（掌心向前，五指张开）；左手指尖先触碰右肩，到左肩而后手臂弯曲呈90°侧举，并由拳变掌（掌心向前，五指张开）。

歌词：有无穷的力量如此的坚强

动作：双手握拳横于胸前做相互环绕运动；双手侧举做出大力士动作；双拳对撞一次后前伸做点赞动作。

插语：
正义的力量是强大的、无穷的，但不是天生的。只要我们能将其发挥到极致，世界将变得更加美好！

结语：
"正义"二字对我们来说就是责任和义务，我们要学会对社会、对国家有责任、有担当，要学会感恩和回报，要把个人命运融入国家命运中，这样才能实现我们的社会价值！

预设效果：
通过带动唱，让学生知道有正义感是每个人都必须拥有的品质，让学生知道和谐幸福的生活需要靠大家来维护，要懂得珍惜一切。

第五专题　修养与节制

品质16：宽　容

泼水歌

活动类型： 带动唱

活动形式： 全体

所需器材： 音乐《泼水歌》

活动目的：

（1）熟悉《泼水歌》旋律，感受劳动中的真、善、美。

（2）通过歌曲的带动，能理解和表现劳动的喜悦与欢乐。

（3）将歌词与曲调及画面结合，感受歌曲的内涵，感受歌曲欢快、活泼的情绪，分析歌曲中蕴含的意义。

导语：

新时代，各行各业的最美劳动者在平凡的岗位上用辛勤的汗水浇灌心中的梦想，用勤劳智慧的双手奉献青春年华，用心中的坚韧和执着为祖国的繁荣富强贡献力量！让我们在歌曲中感受劳动者劳作的快乐。

♪ **歌词：** 昨天我打从你门前过　你正提着水桶往外泼　（哎呀）泼在我的皮鞋上　路上的行人笑呀笑咯咯　你什么话也没有对我说　你只是眯着眼睛望着我

动作：

1. 右手前摆（二拍）、后摆（二拍），由前、向上、向后绕一圈，再向前（四拍）。

2. 换左手同1。

3. 右脚前摆（二拍）、后摆（二拍），再向前摆。由右绕一圈，回来重踏一下（四拍）。

4. 同3，换左脚。

5. 头前点（二拍）、后仰（二拍），由右绕一圈（四拍）。

6. 头后仰（二拍）、前点（二拍），由左转脖子一圈（四拍）。

歌词：噜啦啦噜啦啦噜啦噜啦呢噜啦噜啦噜啦噜啦噜啦呢噜啦啦噜啦啦噜啦噜啦呢噜啦噜啦噜啦呢

动作：（四种）

1. 双手拍膝（一拍），双手拍右边伙伴的膝（一拍）；双手拍膝（一拍），双手拍左边伙伴的膝（一拍），重复做。

2. 双手拍膝（一拍），双手分开拍左右伙伴的膝（一拍），重复做。

3. 双手胸前交叉，右手向右前摆两次（四拍），左手向左前摆两次（四拍），重复做。

4. 伙伴互相搭肩向右摇摆（二拍），向左摇摆（二拍），重复做。

插语：

一个人的力量看似微小，但"不积跬步，无以至千里"，当我们每一个人以自觉奋斗的姿态加入学先进、做先进、赶先进的队伍中，以劳动热情、工匠精神、职业道德、精准高效践行社会主义核心价值观，尊重劳动、尊重知识、尊重人才、尊重创造的愿景才能有更加深厚的群众基础，一代又一代热爱劳动、勤于劳动、善于劳动的高素质劳动者必将在祖国大地上勇往直前。

结语：

这首歌的曲调轻快活泼，歌词朗朗上口。通过带动唱，同学们渐渐领悟到歌曲的寓意与深意，坚定对美好生活的信心、增强开拓奋进的力量。

相亲相爱的一家人

活动类型：带动唱

活动形式：全体

所需器材：音乐《相亲相爱的一家人》

活动目的：

（1）从生活中的点点滴滴、方方面面认识到家人对自己的照顾，这是家人对自己无私的爱。

（2）知道家人对自己的疼爱是爱，严格要求也是爱。

导语：

家中有这世上最爱我们的人；家是我们每个人坚强的后盾，是臂膀，是归宿。一家人在一起就是最大的幸福。

歌词：我喜欢一回家

动作：右手轻拍胸膛，右手拇指、食指放在下巴，然后左右手指贴合相对。

歌词：就有暖洋洋的灯光在等待

动作：左手掌斜放，右手在旁聚拢、张开，做两遍。

歌词：我喜欢一起床

动作：右手轻拍胸膛，右手拇指、食指放在下巴，然后双手握拳向上举伸懒腰。

歌词：就看到大家微笑的脸庞

动作：手掌贴合手指展开，呈现一朵花。

歌词：我喜欢一出门

动作：右手轻拍胸膛，右手拇指、食指放在下巴，然后右手食指、中指立起来，由右边走向左边。

歌词：就为了家人

动作：左右手指贴合相对。

歌词：和自己的理想打拼

动作：右手轻拍胸膛，双手握拳放于胸前。

歌词：我喜欢一家人

动作：右手轻拍胸膛，右手拇指、食指放在下巴，然后左右手指贴合相对。

歌词：心朝着同一个方向眺望哦

动作：双手做一个"心"形，右手缓缓向右上角打开。

歌词：我喜欢快乐时

动作：右手轻拍胸膛，右手拇指食指放在下巴，左右手食指画一个半圆。

歌词：马上就想要和你一起分享

动作：双手食指立起来，由左右两端往中间靠拢，手掌朝上往两边展开。

歌词：我喜欢受伤时

动作：右手轻拍胸膛，右手拇指、食指放在下巴，双手握拳在眼睛下方左右扭动。

歌词：就想起你们温暖的怀抱

动作：双手交叉放在双肩拍打两下。

歌词：我喜欢生气时

动作：右手轻拍胸膛，右手拇指、食指放在下巴，然后双手握拳放在腰间。

歌词：就想起你们

动作：双手交叉左右展开。

歌词：永远包容多么伟大

动作：双手环抱，双手举过头顶。

歌词：我喜欢旅行时

动作：右手轻拍胸膛，右手拇指、食指放在下巴，然后双手放在左肩。

歌词：为你把美好记忆带回家

动作：左手放在左肩，右手由左至右抓东西，然后放在左肩。

歌词：因为我们是一家人

动作：双手轻拍胸膛，左右手指贴合相对。

歌词：相亲相爱的一家人

动作：左手竖起拇指，右手掌在上方画圈，左右手指贴合相对。

歌词：有缘才能相聚

动作：双手相对，由上而下画一个圆。

歌词：有心才会珍惜

动作：双手做"心"形。

歌词：何必让满天乌云遮住眼睛

动作：双手由下往上缓缓打开。

歌词：因为我们是一家人

动作：双手轻拍胸膛，左右手指贴合相对。

歌词：相亲相爱的一家人

动作：双手轻拍胸膛，左右手指贴合相对。

歌词：有福就该同享

动作：左手竖起拇指，右手掌在上方画圈。

歌词：有难必然同当

动作：左手掌摊开，右手握拳放在左手掌。

歌词：用相知相守换地久天长

动作：双手交叉放置双肩，缓缓摊开。

插语：

家，不在于奢华，而在于温馨；家，不在于大小，而在于珍惜。在家里，有父母的呵护，有爱人的陪伴，有子女的欢笑。一家人整整齐齐、和和睦睦，就是人生最大的幸福！

结语：

家人，对每个人来说都蕴含着温暖而坚强的力量。家人能互相陪伴，就算不富有，也能其乐融融；家人能彼此包容，就算不显达，也能温暖依旧。

预设效果：

通过带动唱，感受家人对人一生的重要性，感受家人对自己的爱并激发爱自己家人的情感，懂得体贴家人，回报家人。

品质17：谦 虚

这世界那么多人

活动类型：带动唱

活动形式：全体

所需器材：音乐《这世界那么多人》

活动目的：

（1）提高学生对周围事物的关注度，理解父母、老师、朋友等的关心。

（2）学会感激周围的事物，而不是把它们看成理所当然。

（3）感受自己现在生活的美满，做到珍惜生活，知足而不挑剔。

导语：

在青春的岁月中，既有孤独，偶尔也会哭泣，但同时也充满了幸福。漫漫人生路，悠悠岁月河。我们本是一无所有，但因为我们努力地付出，才有了今天的收获，珍惜所拥有的青春，让我们的生活多一些色彩，多一些美丽。

歌词：这世界有那么多人

动作：双手交叉，上下摆动。

歌词：人群里敞着一扇门

动作：左手在上，右手在下，呈"人"字，双手往前伸直，展开。

歌词：我迷朦的眼睛里长存

动作：双手放在胸前，然后双手握拳做一个揉眼睛动作。

歌词：初见你蓝色清晨

动作：双手往前伸直，展开。

歌词：这世界有那么多人

动作：双手交叉，上下摆动。

歌词：多幸运我有个我们

动作：双手放在额前，双手往前伸直，展开。

歌词：这悠长命运中的晨昏

动作：双掌相对，缓缓向上举高。

歌词：常让我望远方出神

动作：双手放在胸前，然后右手举平放在眉间。

歌词：灰树叶飘转在池塘

动作：双手举过头顶，由右至左划一圈。

歌词：看飞机轰的一声去远乡

动作：双掌贴合，缓缓举向右上方。

歌词：光阴的长廊脚步声叫嚷

动作：两只手指立起来，缓缓摆动走向中间。

歌词：灯一亮无人的空荡

动作：抬头看向上方，右掌放在眉上，由左至右摆动。

歌词：晚风中闪过几帧从前啊

动作：双手左摆、右摆，各两下。

歌词：飞驰中旋转已不见了吗

动作：双手平齐举过头顶，呈 "S" 状缓缓落下。

歌词：远光中走来你一身晴朗

动作：双手往前举平，左右手呈波浪状摆动，各两下。

歌词：身旁那么多人可世界不声不响

动作：双掌贴合，绕过头顶旋转一圈，放在右边，缓缓把脸贴在掌心。

插语：

我们要学会珍惜，珍惜现在所拥有的幸福，珍惜现在所拥有的一切，身边最珍贵的东西，永远是你握在手里、放在心上的东西。

结语：

在追求人生梦想的过程中，我们不妨停下急促的脚步，回望自己走过的人生路，毫无保留地将自己的人生经历展现，将一段段记忆从落满灰尘的书架上取下装入脑海，你会发现自己从无知的孩提时代到现在，真的是懂得了很多。每个人都是一部传奇。当你回顾完自己的人生，你会明白自己现在到底离梦想有多远，那时你看向前方的目光中便会多一分坚定。

预设效果：

通过带动唱，同学们从中能有所感悟，学会感激周围的事物，而不是把它们看成理所当然。感受自己现在的生活美满，做到珍惜生活，知足而不挑剔。

有用的人

活动类型：带动唱

活动形式：全体学生

所需器材：音乐《有用的人》

活动目的：

（1）通过肢体动作的表达，使学生身心得到放松，情绪得到宣泄。

（2）引导学生从"积极"的角度出发，用积极的视野对人、事、物进行感知和认识。

（3）激励学生用积极、乐观的态度和视角看问题，培养其积极心理品质。

导语：

青春期的我们为未来的生活勾画出了蓝图，对未来的人生充满了希冀。但是，缺少奋斗的青春如同纸上谈兵。青春需奋斗，用我们辛勤的汗水培植理想之花。请相信：奋斗的青春最精彩。

歌词：谁不希望自己是聪明的人

动作：双手左右摇摆，右手食指轻点后脑勺。

歌词：谁不希望什么都能一百分

动作：双手左右摇摆，左手伸出手指做"1"手势（一拍），右手伸出手指做"0"手势（二拍）。

歌词：谁会希望自己又呆又傻又愚蠢

动作：头歪向右边，左手捏耳朵。

歌词：谁会愿意听到你真的好笨

动作：伸出双手食指指着脑袋转圈，伸出双手，掌心向上，头歪向右边并用左手捏耳朵。

歌词：有些事情就是这样的残忍

动作：伸出左手，用右手砍左手。

歌词：有些道路没有直通那扇门

动作：向前伸直双手，掌心相对，握紧双拳做加油姿势。

歌词：有些游戏结果不一定要获胜

动作：双手握拳置于胸前绕圈，双手举高过头顶比耶。

歌词：有些收获不在终点只在过程

动作：向前伸出左掌心，右手伸出手指做"7"手势，而后缓缓向左掌心靠近，双手朝前伸直做波浪姿势。

歌词：我们不会心灰意冷

动作：双手指尖在胸前相触碰，随后双手交叉，做流泪手势。

歌词：我们会给自己掌声

动作：双手指尖在胸前相触碰，伸出双手，做击掌手势。

歌词：我不是你想象的笨

动作：双手交叉左右摇摆，伸出双手食指指着脑袋转圈，头歪向右边并用左手捏耳朵。

歌词：我也有我自己的门

动作：双手指尖在胸前相触碰，双手握拳，手臂靠拢，再缓缓向两边打开。

歌词：其实你不是不能

动作：双手伸出食指指向前方，打开手掌心，双手交叉。

歌词：只是你肯不肯

动作：双手伸出食指指向前方，双手握拳做出加油姿势。

歌词：给自己多一个机会

动作：双手指尖在胸前相触碰，双手伸出手指做"1"手势。

歌词：因为我们都是有用的人

动作：双手指尖在胸前相触碰，伸出两个大拇指向外扩展。

插语：

在每个孩子身体里都住着一个"好孩子"和一个"坏孩子"，只要唤醒他们的"好孩子"，他们就会把最好的一面展现出来，只要多一个机会，他们都可以成为有用的人。

结语：

少年强则国强。我们生逢盛世，更需要不懈地奋斗。只有青少年变得更加强大，祖国的明天才会更加富强。从今日起，踏实学习文化，锻炼健康体魄，热爱劳动，努力成为一个对祖国、对人民、对社会有用的人。

预设效果：

通过带动唱，学生身心得到了放松，其情绪得到发泄。带动者通过对过渡语的切入、教育情境的设置，引导并激励学生从"积极"的角度出发，用积极、乐观的心态看问题，培养积极心理品质。

品质18：谨 慎

灯火里的中国

活动类型：带动唱

活动形式：全体

所需器材：音乐《灯火里的中国》

活动目的：

（1）促进学生积极向上、奋发学习。

（2）树立爱国意识，立志报效祖国。

（3）增强学生的民族自豪感和自信心。

导语：

"少年强，则国强；少年富，则国富；少年屹立于世界，则国屹立于世界。"作为祖国未来的建设者和接班人，肩负重担、义不容辞、任重道远。为了祖国的繁荣、民族的兴旺，让我们用激情点燃希望之火，用汗水浇灌成功之花，勤奋学习、努力拼搏，使我们的祖国屹立于世界强国之列。

♪ 歌词：都市的街巷已灯影婆娑

动作：双手五指微屈，自上向下做弧形移动；双手做一个兰花手，由下往上移动。

歌词：社区暖暖流淌的欢乐

动作：双手掌心向下，由胸前缓缓往前伸直，双手由下往上旋转两圈。

歌词：远山的村落火苗闪烁

动作：右手手背向外，拇、食、小指直立，仿"山"字形；双手五指微屈，指尖向上，交替上下动几下，如火苗跳动状。

歌词：渐渐明亮小康的思索

动作：双手虚握，指尖相对，放于胸前，然后向上伸开五指。掌心向外，表示"发光""明亮"，左手食指置太阳穴处转动，显示动脑思索的神情。

歌词：归港的船帆从灯塔掠过

动作：双手侧伸，指尖相抵向前移动，如船向前行驶。

歌词：追梦脚步月下交错

动作：右手伸出拇指、小指，从太阳穴部斜着向上旋转上升，表示"做梦""梦想"之意，左手平伸，手背向上，五指并拢；右手掌在左手背上从前向后摸一下。

歌词：广场焰火在节日诉说

动作：双手伸掌侧立，掌心相对，由中间向两侧移动；双手五指微屈，指尖向上，交替上下动几下，如火苗跳动状；右手食指横于嘴前转动几下，表示说话。

歌词：星空升腾时代的巍峨

动作：左手拇指、食指捏成小圆圈，在头上一顿一顿地移动几下，象征天上的星星；双手手背向外，拇、食、小指直立，仿"山"字形，缓缓升起。

歌词：灯火里的中国青春婀娜

动作：双手五指微屈，指尖向上，交替上下动几下，如火苗跳动状；双手指尖贴合呈屋顶状，双手竖起大拇指。

歌词：灯火里的中国胸怀辽阔

动作：双手五指微屈，指尖向上，交替上下动几下，如火苗跳动状；双手指尖贴合呈屋顶状，双手放于胸前，交叉左右展开。

歌词：灯火漫卷的万里山河

动作：双手五指微屈，指尖向上，交替上下动几下，如火苗跳动状；左手由左至右呈波浪摆动。

歌词：初心换回了百年承诺

动作：双手拇指、食指搭成"心"形，贴于左胸部；双手食指指尖向上，一左一右互相交换位置；双手相握。

歌词：灯火里的中国青春婀娜

动作：双手五指微屈，指尖向上，交替上下动几下，如火苗跳动状；双手指尖贴合呈屋顶状，双手竖起大拇指。

歌词：灯火里的中国胸怀辽阔

动作：双手五指微屈，指尖向上，交替上下动几下，如火苗跳动状；双手指尖贴合呈屋顶状，双手放于胸前，交叉左右展开。

歌词：灯火灿烂的中国梦

动作：双手五指微屈，指尖向上，交替上下动几下，如火苗跳动状；双手指尖贴合呈屋顶状；右手伸出拇指、小指，从太阳穴部斜着向上旋转上升，表示"做梦""梦想"之意。

歌词：灯火荡漾着心中的歌

动作：双手五指微屈，指尖向上，交替上下动几下，如火苗跳动状；右手食指指尖抵在喉部，嘴微张，头向两侧微摆，模仿唱歌状。

插语：

悠悠中华，万载文明；浩浩中华，青春永驻，让我们共同为伟大的祖国喝彩，向祖国道一声：祖国您好，祖国万岁！

结语：

我们都爱我们的父母亲，但我们应该更爱祖国母亲！在辽阔的中华大地上，到处充满着活力与繁荣，一个又一个举世瞩目的成就在此被创造出来。这些让我们骄傲，因为我们都是中国人！

预设效果：

通过带动唱，培养学生的爱国主义情怀，增强学生的民族自豪感和自信心，让每一位学生深切地感受到作为一个中国人的光荣与骄傲，促进学生奋发学习。

中华民族

活动类型：带动唱

活动形式：全体

所需器材：音乐《中华民族》

活动目的：

（1）引领学生了解爱国主义教育有关内容，陶冶学生情操，激发学生的爱国主义情感。

（2）对学生进行爱国主义教育，让学生懂得爱国与责任的关系，明白爱国首先要爱自己，从我做起，承担自己的责任和义务，以天下为己任。

♪ 前奏动作：双手高举过头并左右摇摆。

歌词：青海的草原

动作：接上一动作结尾，双手收回往前伸出随即收回，交叉后往前画半圆状，随后两手自然下垂放在大腿两侧。

歌词：一眼看不完

动作：左手上举至胸口处随即放置左眼上方呈眺望状，右手同动作，身体跟随双手左右摇摆。（此动作重复两遍）

歌词：喜马拉雅山

动作：接上一动作结尾，双手收回随后平举至胸口后从下往两旁画圆形，随后双手从下巴处呈"花"状往两侧打开，手部上升同时手掌转圈向上举。

歌词：峰峰相连到天边

动作：接上一动作结尾，双手往前伸出随即在胸前做前后画圆状两圈后双手在胸前平举，手掌朝上往两侧缓慢打开。

歌词：古圣和先贤

动作：双手往左上方举，眼神跟上，往左上方左手处看去，随后收回双手至胸前往右上方举，同样眼神跟上，往右上方右手处看去。

歌词：在这里建家园

动作：接上一动作结尾，双手往左下方划去，随后高举做铲土状四至五次。

歌词：风吹雨打中

动作：接上一动作结尾，双手猛然从右上方划向左边，随后双手往下做波浪状，随即双手高举过头，缓慢往下做握拳洒水状。

歌词：耸立五千年

动作：接上一动作结尾，左手张开手掌往前做推开状，随后收回左手换右手跟上，重复一次过后双手往前做推开状。

歌词：中华民族

动作：双手平举在胸前画半圆，随后右手捂住胸口，左手往左上方高举，眼神跟上左手。

歌词：中华民族

动作：双手平举在胸前画半圆，随后左手捂住胸口，右手往右上方高举，眼神跟上右手。

歌词：经得起考验

动作：接上一动作结尾，右手往左肩挥去，随后压低左肩，右手做捶左肩状，重复三至四次，左手同样重复右手动作。

歌词：只要黄河长江的水不断

动作：双手收回至胸前往前做波浪画圈状，随后双手从左侧猛然高举过头画圈至右肩上方，上半身往右转，双手做波浪画圈状。

歌词：中华民族

动作：双手平举在胸前画半圆，随后右手捂住胸口，左手往左上方高举，眼神跟上左手。

歌词：中华民族

动作：双手平举在胸前画半圆，随后左手捂住胸口，右手往右上方高举，眼神跟上右手。

歌词：千秋万世

动作：双手从上并拢收回至胸前，随后从大腿两侧从外侧往上划圈至上方，随后双手手掌向前缓慢落下。

歌词：直到永远

动作：接上一动作结尾，双手做太极状往左边推出，随后收回双手往右边推出，接着双手高举过头做左右摇摆状。

歌词：青海的草原

动作：接上一动作结尾，双手收回往前伸出随即收回，交叉后往前画半圆状，随后两手自然下垂放在大腿两侧。

歌词：一眼看不完

动作：左手上举至胸口处随即放置左眼上方呈眺望状。右手同动作，身体跟随双手左右摇摆。（此动作重复两遍）

歌词：喜马拉雅山

动作：接上一动作结尾，双手收回随后平举至胸口后从下往两旁画圆形，随后双手从下巴处呈花状往两侧打开，手部上升同时手掌转圈向上举。

歌词：峰峰相连到天边

动作：接上一动作结尾，双手往前伸出随即收回胸前做前后画圆状两圈后双手在胸前平举，手掌朝上往两侧缓慢打开。

歌词：古圣和先贤

动作：双手往左上方举，眼神跟上，往左上方左手处看去，随后收回双手至胸前往右上方举，同样眼神跟上，往右上方右手处看去。

歌词：在这里建家园

动作：接上一动作结尾，双手往左下方划去，随后高举做铲土状四至五次。

歌词：风吹雨打中

动作：接上一动作结尾，双手猛然从右上方划向左边，随后双手往下做波浪状，随即双手高举过头，缓慢往下做握拳洒水状。

歌词：矗立五千年

动作：接上一动作结尾，左手张开手掌往前做推开状，随后收回左手换右手跟上，重复一次过后双手往前做推开状。

歌词：中华民族

动作：双手平举在胸前画半圆，随后右手捂住胸口，左手往左上方高举，眼神跟上左手。

歌词：中华民族

动作：双手平举在胸前画半圆，随后左手捂住胸口，右手往右上方高举，眼神跟上右手。

歌词：经得起考验

动作：接上一动作结尾，右手往左肩挥去，随后压低左肩，右手做捶左肩状，重复三至四次，左手同样重复右手动作。

歌词：只要黄河长江的水不断

动作：双手收回至胸前往前做波浪画圈状，随后双手从左侧猛然高举过头画圈至右肩上方，上半身往右转，双手做波浪画圈状。

歌词：中华民族

动作：双手平举在胸前画半圆，随后右手捂住胸口，左手往左上方高举，眼神跟上左手。

歌词：中华民族

动作：双手平举在胸前画半圆，随后左手捂住胸口，右手往右上方高举，眼神跟上右手。

歌词：千秋万世

动作：双手从上并拢收回至胸前，随后从大腿两侧从外侧往上画圈至上方，随后双手手掌向前缓慢落下。

歌词：直到永远

动作：接上一动作结尾，双手做太极状往左边推出，随后收回双手往右边推出，接着双手高举过头做左右摇摆状。

插语：

中华民族传统文化独一无二的理念、智慧、气度、神韵，是民族的血脉，是中国人民的精神家园，让我们一起将其发扬光大。

结语：

中华民族传统文化已经成为推动中国发展的支撑力量。我们作为文化传播者，有责任在每一堂课里传播理性、正义、光明的内容给学生，让学生看到美好、看到希望、看到梦想就在前方。

预设效果：

通过简单的伸展动作，达到纾解疲劳，松弛紧张，锻炼身体的效果，同时，调动参与者的情绪，陶冶美的情操，增强大家相互之间的联系。

品质19：自 律

从头再来

活动类型：带动唱

活动形式：全体

所需器材：音乐《从头再来》

活动目的：

（1）鼓励人们遇到挫折、困难不要放弃，要勇敢去追求自己理想的人生。

（2）引导青少年树立正确的社会主义核心价值观，做最真实的自己，不忘初心。

导语：

人会遇到挫折，也会有低潮，还会有不被理解的时候，甚至会有需要低声下气的时候，这些时候恰恰是人生最关键的时候。只要你勇敢地迈出那一步，那么你终会看到成功。一首《从头再来》带动唱送给大家，我们一起勉励自己！

前奏动作：双手高举过头并左右摇摆。

歌词：昨天所有的荣誉

动作：双手弯曲向后甩，然后做一个"画大圆"的动作。

歌词：已变成遥远的回忆

动作：左手手指指向左边太阳穴，然后手指一边转圈一边向上。

歌词：辛辛苦苦已度过半生

动作：左手握拳搭在右手拳头上，然后换右拳搭在左手拳头上，重复2次。最后双手手掌向上在胸前做拍掌动作。

歌词：今夜重又走进风雨

动作：双手举高过头顶，左右摇摆。

歌词：我不能随波浮沉

动作：双手指向自己，做摇手的动作，然后双手做上升动作。

歌词：为了我挚爱的亲人

动作：右手竖起大拇指，左手掌心向下放在右手拇指上同时做转圈动作。

歌词：再苦再难也要坚强

动作：双手胸前握拳，头往上仰。

歌词：只为那些期待眼神

动作：右手掌心向下放在额头前，头从左转到右。

歌词：心若在梦就在

动作：左手做"心"形的动作，双手合十放在左脸，头向左微微侧。

歌词：天地之间还有真爱

动作：双手掌心相对放在胸的两侧，右手竖起大拇指，左手掌心向下放在右手拇指上同时做转圈动作。

歌词：看成败人生豪迈

动作：右手掌心向下放在额头前，然后做"胜利"的手势，最后低头捂脸表示失败。

歌词：只不过是从头再来

动作：右手握拳用力捶胸两下，然后双手向后伸直，胸向前挺。

插语：

这一秒不放弃，下一秒就有希望！坚持下去才可能成功！不经历风雨，长不成大树，不受百炼，难以成钢。生命之灯因热情而点燃，生命之舟因拼搏而前行。

结语：

不要灰心，不要失望，只要有从头再来的勇气，任何时间都是你成功的起点！

预设效果：

通过带动唱，告诉同学们要不怕困难，勇敢追梦；不忘初心，做真实的自己，按自己的目标行动。

海阔天空

游戏类型：带动唱

活动形式：全体

所需器材：音乐《海阔天空》

活动目的：

培养学生的意志力和道德品质，有助于他们形成真、善、美的世界观、价值观。

导语：

每个人的生活都不可能事事如愿、万事胜意，总会有一次次考验、一次次困难向我们迎面走来。只要我们脚踏实地、全力以赴，用积极的心态去面对，总有办法克服困难，最终收获成功！

前奏动作：自然站立，微微低头。

歌词：我曾怀疑我　走在沙漠中

动作：缓慢将双手重叠放在胸口，左手往前做拨开窗帘的动作，到右手往前做拨开窗帘的动作。

歌词：从不结果　无论种什么梦

动作：两臂微屈前伸，举起手掌，掌心朝前，左右交叉摆动；左手握拳，手背贴在右手掌心（掌心朝上）收至胸口；继续做左右交叉摆动动作，双手合十贴在左脸颊，微微低头并闭眼。

歌词：才张开翅膀　风却变沉默

动作：两臂微屈向下，再从两侧缓慢上举；双臂从两侧横移至前方，双手掌心平行相对并做鱼游泳的动作；右手握拳，伸出食指收至嘴巴处做嘘声动作。

歌词：习惯伤痛能不能算收获

动作：左手握拳缓慢放在右胸，拳眼朝上；右手握拳缓慢放在左胸，拳眼朝上；双手向左（右）前方移动做迎接动作，掌心朝上，缓慢收回胸前做捧水动作。

歌词：庆幸的是我一直没回头

动作：缓慢将手掌重叠放在胸口；右手握拳，伸出食指和中指并拢贴至右边太阳穴并转头向右看。

歌词：终于发现真的是有绿洲

动作：左脚缓慢往前走一步，双手从两侧向前做环形抱动作，然后左手五指张开做握球状，将手背贴在右手掌心上缓慢移至胸前。

歌词：每把汗流了　生命变得厚重

动作：左手从额头左边摸至太阳穴，右手从额头右边摸至太阳穴；双手做捧水动作，随后从上往下移至腹部。

歌词：走出沮丧　才看见新宇宙

动作：双手握拳在眼前往返转动，放下双手，眼睛往前上方看；双手上举交叉后从中间往两侧划动（五指张开）。

歌词：海阔天空　在勇敢以后

动作：双手握拳在胸前交叉，随后向两侧打开双臂，再从下到两侧移动成侧上举（掌心朝上，手臂微屈）；双手握拳移至身体前做加油动作。

歌词：要拿执着将命运的锁打破

动作：双臂前伸（五指张开，掌心朝前），手掌从内旋成拳；收至胸前两拳相对（拳眼朝上），而后向两侧平举（五指张开，掌心朝两侧）。

歌词：冷漠的人

动作：耸肩。

歌词：谢谢你们曾经看轻我

动作：双手前伸握拳，伸出大拇指反复弯曲；手掌缓慢重叠放在胸口。

歌词：让我不低头　更精彩地活

动作：右手握拳横于下巴前15厘米处并缓慢抬头往前上方看。

歌词：凌晨的窗口　失眠整夜以后

动作：右脚往前迈一步，双手前伸并往两侧拨，随后双手放在头部两侧。

歌词：看着黎明从云里抬起了头

动作：右手握拳从左肩移动，伸出食指至侧前上方后下移，转为掌状（掌心朝上）往上移，目光跟随手掌方向。

歌词：日落是沉潜　日出是成熟

动作：双手握拳交叉在胸前并蹲下；左手后移贴着腰，右手摸着左肩缓慢站起来。

歌词：只要是光一定会灿烂的

动作：双手握拳，伸出食指，手臂伸直并指向前上方，双手收回腰间做加油的动作；随后在胸前交叉从上往两侧落下（此过程中手掌逐渐张开并反复晃动）。

歌词：海阔天空　在勇敢以后

动作：双手握拳在胸前交叉，随后向两侧打开双臂，再从下到两侧移动成侧上举（掌心朝上，手臂微屈）；双手握拳移至身体前做加油动作。

歌词：要拿执着将命运的锁打破

动作：双臂前伸（五指张开，掌心朝前），手掌从内旋成拳；收至胸前两拳相对（拳眼朝上），而后向两侧平举（五指张开，掌心朝两侧）。

歌词：冷漠的人

动作：耸肩。

歌词：谢谢你们曾经看轻我

动作：双手前伸握拳，伸出大拇指反复弯曲；手掌缓慢重叠放在胸口。

歌词：让我不低头更精彩地活

动作：右手握拳横于下巴前15厘米处并缓慢抬头往前上方看。

歌词：海阔天空　狂风暴雨以后

动作：双手握拳在胸前交叉，随后向两侧打开双臂，再从下到两侧移动成侧上举（掌心朝上，手臂微屈）；双手从上往下做波浪形动作（掌心朝前）。

歌词：转过头　对旧心酸一笑而过

动作：右手轻碰右脸颊并使头向左后方看；双手做手枪动作交叉于脸前，双手下移的同时微微下蹲，随后双手移动到脸颊两侧（食指指着脸颊，大拇指朝上），并蹲起微笑。

歌词：最懂我的人

动作：双手握拳前伸，并伸出食指指着前方。

歌词：谢谢一路默默地陪我

动作：接上个动作握拳（拳眼朝上），大拇指反复弯曲，双臂重叠在肚子前做摇摆动作。

歌词：让我拥有好故事可以说

动作：双手成掌交叉在胸前摸着两肩，随后双臂张开弯曲在前并握拳成点赞动作，随后双手四指并拢，大拇指伸直靠近嘴巴两侧再缓慢向前移动。

歌词：看未来一步步来了

动作：右手握拳伸出食指斜指上方，随后右手握拳横于胸前，左手伸出食指和中指在右臂上"走路"。

结语：

要说一个人成功的品质，大家可能会想到很多：天资聪颖、勤奋努力、把握时机……但是我要说的是：这么多项都很重要，但是有一条最重要的就是——坚持不懈。

坚持，就是只要认准了目标，不达目的决不罢休。

坚持，就是既然选择了远方，便只顾风雨兼程。

坚持是一种能力，更是一种品质，它指引着你前进的方向。坚持是一种信念，更是一种力量，它指引着内心强大的人，实现目标，走向成功！

预设效果：

让学生知道什么是坚持，如何坚持，勇敢走下去，坚持就是胜利。

第六专题　心灵的超越

品质20：感　恩

听我说，谢谢你

活动类型：带动唱

活动形式：全体

所需器材：音乐《听我说，谢谢你》

活动目的：

通过带动唱的形式，加强与学生的互动，引导学生学会感恩，感恩身边给予我们帮助的人。

导语：

落叶在空中盘旋，谱写着一曲感恩的乐章，那是大树对滋养它的大地的感恩；白云在蔚蓝的天空中飘荡，描画着一幅幅感人的画面，那是白云对孕育它的蓝天的感恩。因为感恩才会有这个多彩的世界，因为感恩才会有真挚的友情，因为感恩才让我们懂得了生命的真谛，所有给予我们温暖的人，你们的恩情，我们都铭记于心。

♪ 前奏动作：双手交叉在胸前，随音乐节奏左右摆动。

歌词：送给你小心心

动作：双手手掌交叉，手掌平摊向上，向身体两侧打开，在胸前做一个"心"的动作，随音乐左右摆动。

歌词：送你花一朵

动作：双手手掌交叉，手掌平摊向上，向身体两侧打开，双手五指弯曲，随着音乐五指打开，双臂往右举过头顶。

歌词：你在我生命中

动作：双手手掌打开向上，指尖向外，双臂往前伸，双手捂胸口，双手握拳相对，双手手臂在胸前弯曲。

歌词：太多的感动

动作：双臂往上举过头顶，双手五指张开，做一个旋转的动作，握拳，双臂往下拉，停在胸前的位置。

歌词：你是我的天使

动作：双手手掌打开向上，指尖向外，双臂往前伸，双手捂胸口，双手拇指交叉在一起，另外的四根手指打开，做成小鸟的动作，双臂往上举过头顶。

歌词：一路指引我

动作：双手手掌相对，双臂往前伸，伸出双手食指，双手食指相碰，右臂往上举，左臂往下拉。

歌词：无论岁月变幻

动作：双掌向外，双臂在胸前交叉，右手手掌向外，左手手掌向身体，右臂往前伸，左臂往身体方向拉；左手手掌向外，右手手掌向身体，左臂往前伸，右臂往身体方向拉。

歌词：爱你唱成歌

动作：双臂打开，双手做成"比心"的动作，双臂在胸前弯曲，双手拇指打开，四指并拢，手掌相对，放在嘴的两边。

歌词：听我说谢谢你

动作：右臂往前伸，双手手掌打开，手掌向上，指尖向外，右手捂胸口，左手放身后。

歌词：因为有你温暖了四季

动作：双臂往前伸，双手手掌打开，手掌向上，指尖向外，双手在头顶做成"三角"的动作。

歌词：谢谢你感谢有你

动作：右手捂胸口，左手放身后，然后双臂在胸前交叉。

歌词：世界更美丽

动作：双手竖起拇指，双臂举过头顶，跟随音乐摆动。

歌词：我要谢谢你因为有你

动作：右手捂胸口，左手放身后，然后双臂在胸前交叉。

歌词：爱常在心底

动作：右手竖起拇指，放在左边胸口。

歌词：谢谢你感谢有你

动作：右手捂胸口，左手放身后，然后双臂在胸前交叉。

歌词：把幸福传递

动作：双臂举过头顶，双手在头顶交叉，双臂往身体两侧落下；双手手掌向上，指尖向外，双臂往前伸。

插语：

感谢自然赋予我们的一切，让我们享受到了生命的精彩；感谢父母给予我们生命，让我们品味到了人生的滋味；感谢老师教授我们知识，让我们领略到了世间的真善美。让我们怀着感恩的心，真诚地感谢为我们付出和给予我们帮助的人。

结语：

感谢养育我们的人，是他们让我们来到这个世界；感谢教育我们的人，是他们让我们了解世界的精彩；感谢帮助我们的人，是他们帮我们渡过难关；感谢关爱我们的人，是他们呵护我们成长。让我们一起对他们说，谢谢你。

预设效果及适用场景：

以带动唱的形式，通过歌曲和简单的动作向学生传递感恩的意义，使其学会感谢父母、老师、朋友以及身边给予其帮助和陪伴的人；适用于活动结束的总结。

感恩的心

活动类型：带动唱

活动形式：全体

所需器材：音乐《感恩的心》

活动目的：

（1）使学生懂得，对关怀和帮助自己的人抱有感激之情是一种美德，也是做人的道德准则。

（2）培养学生对父母、对他人、对社会的感恩意识。

（3）学会感恩，为关心过自己的人做一些力所能及的事情。

导语：

人生何处不相逢，无论怎样，当我们回首昨天、拼搏明天的时候，我们应该学会感恩生命中遇见的每个人，感恩现在所拥有的一切，感恩生命的每天。感恩丰富着你的人生。

♪ 前奏动作：手牵手，身体左右轻轻摆动。

歌词：我来自偶然

动作：右手手心向上，于腰前由左往右平伸，再换左手，由右往左平伸。

歌词：像一颗

动作：右手食指比"1"，由左往右平伸。

歌词：尘土

动作：双手手指捏起，从两眼前往两旁分开，手指要上下捏合再轻开。

歌词：有谁看出

动作：左手食指和拇指捏成圆圈比"3"，到左眼前，再换右手做相同动作。

歌词：我的脆弱

动作：右手掌由下放到左肩，再换左手掌由下放到右肩；两手交叉于胸前。

歌词：我来自何方

动作：右手手心向上，于腰前由左往右平伸，再换左手，由右往左平伸。

歌词：我情归

动作：两手由腰部从右到左，从下而上画一个圆。

歌词：何处

动作：两手手心向上，于腰前往左右分开。

歌词：谁在

动作：两手手心向上，于两耳旁提一下。

歌词：下一刻

动作：右手食指比"1"，由右往左下指。

歌词：呼唤我

动作：两手伸开放于嘴旁，身体往右做呼喊状，再往左呼喊。

歌词：天地虽宽

动作：右手食指比"1"，往上指，再往下指。

歌词：这条路却难走

动作：两手心相向，由腰前往前伸；再右手比"2"，手指由左往右走。

歌词：我看遍这人间

动作：同"有谁看出"一句。

歌词：坎坷

动作：左手握拳，往右肩捶两下。

歌词：辛苦

动作：右手握拳，往左肩捶两下。

歌词：我还有

动作：两手交叉于胸前。

歌词：多少爱

动作：左手握拳，右手在上转圆。

歌词：我还有

动作：两手交叉于胸前。

歌词：多少泪

动作：两手手心向脸，由脸部前方往下抖落。

歌词：要苍天知道，我不认

动作：两手交叉于胸前，再右手会比"1"，往上指。

歌词：输

动作：两手交叉于头上，左右轻摆动。

歌词：感恩的心

动作：两手圈成心形于左胸前。

歌词：感谢有你

动作：右手手心向上，于腰前由左往右平伸，再换左手，由右往左平伸。

歌词：伴我

动作：两手交叉于胸前。

歌词：一生

动作：右手食指比"1"，由左往右平伸。

歌词：让我有勇气

动作：双手握拳弯曲在两旁，要比头高些。

歌词：做我自己

动作：双手握拳拇指直立，比向肩前。

歌词：感恩的心

动作：两手圈成心形于左胸前。

歌词：感谢命运

动作：右手手心向上，于腰前由左往右平伸，再换左手，由右往左平伸。

歌词：花开花落

动作：左手指张开，由腰旁一边抖一边往上伸直，贴耳。

歌词：我一样

动作：两手交叉放在胸前。

歌词：会珍惜

动作：右手握拳，左手包，放于胸前，然后低头闭眼。

间奏动作：右手握拳上举，贴耳后张开手指，再往右划下至身旁。左手握拳上举，贴耳后张开手指，再往左划下至身旁。

尾奏动作：左脚先往前走三步，再左脚往右转向后面，背向舞台。双脚与肩同宽站立，右手往上伸直贴耳，张开手指，再往右慢慢划下至身旁。

插语：

生活中，收获感动时不吝谢意，得到帮助时铭记恩情，能回馈时不遗余力，人就是在这样的一来一往间，将善意播散开，将人世间渲染得更加美好的。

结语：

生活是一次次朝起和暮落的轮换，人生是一场场遇见和告别的辗转，行于人世，风尘仆仆，偶有欢欣，偶有失落，但无论身处何种境地，都应该保有一颗感恩的心。

预设效果：

通过带动唱，同学们铭记要时常怀着一颗感恩的心，要学会感恩，懂得尊重他人，对他人的帮助时时怀有感激之情，同学们应知道每个人都在享受着别人的付出给自己带来的快乐的生活。

爸爸妈妈谢谢你

活动类型：带动唱

活动形式：全体

所需器材：音乐《爸爸妈妈谢谢你》

活动目的：

通过带动唱的形式，加强与学生的互动，让学生学会感恩父母、孝敬父母。

导语：

父母如阳光，照耀着我们前进；父母如雨露，滋润着我们茁壮成长。父母给了我们生命，给了我们所需要的一切生活条件，教给我们做人的道理。从我们呱呱坠地到蹒跚学步，再到翩翩少年，从咿呀学语到迈进学校大门，再到学有所成，直到长大成人，自立于社会，父母不知为我们耗费了多少心血、倾注了多少关爱，同学们，从今天起，我们要好好孝顺父母，听他们的话，祝福天下的父母幸福安康。

前奏动作：双手举过头顶，双手打开随音乐节奏左右摆动。

歌词：爸爸妈妈谢谢你

动作：右手拇指、食指比心，并向前伸出，左手拇指、食指比心，并向前伸出，随后右手捂左边胸口。

歌词：放下心爱的手机

动作：双臂90°弯曲，双手五指并拢，掌心向下，右手手掌叠在左手手掌上面，右手伸出拇指和尾指，其余三指弯曲，做成"打电话"的动作。

歌词：常陪我玩耍做游戏

动作：双手握拳，拳心向下，双臂90°弯曲，双臂做"滚筒"的动作。

歌词：让我过得开开心心

动作：双手交叉捂胸口，双手伸出拇指和食指，另外三根手指弯曲，做成"7"，在嘴唇的下方画弧。

歌词：爸爸妈妈谢谢你

动作：右手拇指、食指比心，并向前伸出，左手拇指、食指"比心"，并向前伸出，随后右手捂左边胸口。

歌词：教我做人的道理

动作：右手竖起拇指，四指弯曲，左手竖起拇指，四指弯曲，抓住右手拇指；右手竖起拇指，四指弯曲，抓住左手拇指；左手竖起拇指，四指弯曲，抓住右手拇指（做三次）。

歌词：失败时给我鼓励

动作：右手握拳，右臂在胸前90°弯曲，左手握拳，左臂在胸前90°弯曲，双臂跟随音乐摆动。

歌词：成功时分享甜蜜

动作：右手手掌打开，右臂45°抬高举过头顶，左手手掌打开，左臂45°抬高举过头顶，双手伸出拇指和食指，另外三根手指弯曲，做成"7"，在嘴唇的下方画弧。

歌词：因为有你我很幸福

动作：双手交叉，双掌向上，双臂向身体两侧打开，双手伸出食指，四指弯曲，食指指尖向外，双臂往前伸，右手捂左边胸口，左手捂右边胸口，双手在胸前交叉。

歌词：亲爱的爸爸妈妈

动作：双手在胸前做"心"形，随音乐左右摆动，右手拇指、食指比心，左手拇指、食指比心。

歌词：你们让我很知足

动作：双手伸出食指，四指弯曲，食指指尖向外，双臂往前伸，双手交叉放胸前，右手握拳，左手手掌包在右拳外面，随音乐摆动。

歌词：亲爱的爸爸妈妈

动作：双手在胸前做"心"形，随音乐左右摆动，右手拇指、食指比心，左手拇指、食指比心。

歌词：感谢有你我不孤独

动作：右手捂左边胸口，双手伸出食指，四指弯曲，食指指尖向外，双臂往前伸，双手在胸前交叉，双手五指张开，双臂随着音乐左右摆动。

歌词：亲爱的爸爸妈妈

动作：双手在胸前做"心"形，随音乐左右摆动，右手拇指、食指比心，左手拇指、食指比心。

歌词：你们用爱将我守护

动作：双手伸出食指，四指弯曲，食指指尖向外，双臂往前伸，双手做胸前做"心"形，随音乐摆动，右手捂左边胸口，左手捂右边胸口，双手交叉放胸前。

歌词：亲爱的爸爸妈妈

动作：双手在胸前做"心"形，随音乐左右摆动，右手拇指、食指比心，左手拇指、食指比心。

插语：

孝敬父母，懂得感恩，是中华民族的传统美德。感谢为我们忙碌操劳了一生的父母，感谢为我们辛勤劳动了一生的父母，感谢为了我们精疲力竭的父母，感谢为了我们费尽心血的父母，同学们，让我们一起大声说：爸爸妈妈，谢谢你。

结语：

感恩父母就像小草要感恩温暖的阳光和沉默不语的大地，是你们用纯洁的爱，为我们搭建遮风避雨的港湾，给我们铺设了一条洋溢着欢笑、温暖的成长之路，让我们健康快乐地长大。

预设效果及适用场景：

以带动唱的形式，用朴素的歌词表达孩子对父母真挚的感情，传达孩子对父母的感谢和爱，教孩子学会感恩和孝顺父母。适用于活动结束的总结。

品质21：审 美

我的未来不是梦

游戏类型：带动唱

活动形式：全体

所需器材：音乐《我的未来不是梦》

活动目的：

（1）树立学生自信自强的信念。

（2）激发学生青春飞扬、勇敢追梦的心态。

导语：

实现梦想的路上会有鲜花、微笑，也不乏荆棘和泪水。这时的你肯定会彷徨会无助，仿佛站在一个车水马龙的十字路口，很多事需要你做出抉择，这个选择可能让你犹豫痛苦，但是请不要放弃你的梦想。你要记住，跨过一个坎坷就会收获更多的希望，你看，梦想其实就在并不遥远的地方。

前奏动作：左右手拍掌。

歌词：你是不是像我在太阳下低头

动作："你"，掌心朝上，双手向前伸；"我"，双手手指指向自己；"太阳下低头"，双手举起画圆。

歌词：流着汗水默默辛苦地工作

动作："流着汗水"，先左后右举起手，在头两边蛇形滑落；"工作"，双手握拳，左右手交替敲击向上。

歌词：你是不是像我就算受了冷落

动作："你"，双手掌心朝上，向前伸；"我"，双手手指指向自己；

"冷落"，左手掌心朝上伸出，右手画圆放在左手上。

歌词：也不放弃自己想要的生活

动作："不放弃"，双手伸出手掌摆动；"自己"，右手握拳轻敲左胸两次；"想要的生活"，右手食指、中指伸出做"耶"的动作，旋转向外伸出。

歌词：你是不是像我整天忙着追求

动作："你"，掌心朝上，双手向前伸；"我"，双手手指指向自己；"忙着追求"，双手握拳双臂前后摆动，做跑步动作。

歌词：追求一种意想不到的温柔

动作："追求"，双手握拳双臂前后摆动，做跑步动作；"一种"，双手食指伸出；"温柔"，双臂在胸前交叉，轻拍肩膀三次。

歌词：你是不是像我曾经茫然失措

动作："你"，掌心朝上，双手向前伸；"我"，双手手指指向自己；"茫然失措"，双手摊开，头向左右两边转动，做张望状。

歌词：一次一次徘徊在十字街头

动作："一次一次"，双手食指伸出；"十字街头"，掌心相对，双手先左后右伸出，表示道路。

歌词：因为我不在乎别人怎么说

动作："我"，双手手指指向自己；"不在乎"，双手在胸前交叉；"别人"，双手食指伸出指向前方；"说"，双手放在嘴边做喇叭状。

歌词：我从来没有忘记我

动作："我"，双手手指指向自己；"从来没有忘记"，双手伸出，手掌摆动。

歌词：对自己的承诺

动作：双手举起做加油动作，向上举起3次。

歌词：对爱的执着

动作："爱"，双手在左胸比心；"执着"，双手伸出，手掌交握。

歌词：我知道我的未来不是梦

动作："我知道"，双手交叠放在胸前；"我的未来"，双手掌心朝上向外伸出；"不是"，双手在胸前交叉；"梦"，双手交叠放在左脸下侧。

歌词：我认真地过每一分钟

动作："我"，双手手指指向自己；"过"，双手掌心相对，拉开与肩同宽的距离；"每一分钟"，左手伸出，右手食指点左手腕三下。

歌词：我知道我的未来不是梦

动作："我知道"，双手交叠放在胸前；"我的未来"，双手掌心朝上向外伸出；"不是"，双手在胸前交叉；"梦"，双手交叠放在左脸下侧。

歌词：我的心跟着希望在动

动作："心"，双手在左胸比心；"希望"，双手向上45°伸直；"动"，伸出手左右摇摆。

歌词：我的未来不是梦

动作："我的未来"，双手掌心朝上向外伸出；"不是"，双手在胸前交叉；"梦"，双手交叠放在左脸下侧。

歌词：我认真地过每一分钟

动作："我"，双手手指指向自己；"过"，双手掌心相对，拉开与肩同宽的距离；"每一分钟"，左手伸出，右手食指点左手腕三下。

歌词：我知道我的未来不是梦

动作："我知道"，双手交叠放在胸前；"我的未来"，双手掌心朝上向外伸出；"不是"，双手在胸前交叉；"梦"，双手交叠放在左脸下侧。

歌词：我的心跟着希望在动

动作："心"，双手在左胸比心；"希望"，双手向上45°伸直；"动"，伸出手左右摇摆。

结语：

我们要在不断的追求与奋斗中挥洒青春的色彩，让青春飞扬。正是青春的激情，鼓舞着我们的斗志；正是青春的芬芳，陶醉着我们的心灵；正是青春的奋斗，成就着远大的理想。昨天的理想，就是今天的希望；今天的理想，就是明天的现实。放飞我们的理想，相信我们有改变的力量；放飞我们的理想，心手相通奔向努力的方向；放飞我们的理想，让大海掀起巨浪，让我们的理想真正在行动中启航！

预设效果：

通过活动，坚定学生要努力活在当下，不要害怕挫折，勇于追求梦想的信心。

彩虹的微笑

游戏类型：带动唱

活动形式：全体

所需器材：音乐《彩虹的微笑》

活动目的：

（1）使学生们学会用阳光、积极、乐观的态度去对待生活中的困难与不开心。

（2）通过歌曲和舞蹈让学生们舞出活力，舞出自己！

导语：

世界上根本没有永远平坦的大道，天有阴晴，月有圆缺，更何况人生呢？前进的道路上，千万不要一遇到令人失望的事情就垂头丧气，在黑暗中一定要找到光明，在失望中一定要乐观地看到希望，去不断追求心中的梦想。

前奏动作：随着节拍脚尖上下抖动，随后左右手分别在左右肩膀旁做一二三状。

歌词：天空是绵绵的糖

动作：双手胸前交叉随后朝两边甩开，紧接着手臂在肩膀前转一圈放在耳朵两侧朝自己扇风。

歌词：就算塌下来又怎样

动作：双手掌心朝上放在肚子前，随后朝两侧摊开手，重复三至四次。

歌词：深呼吸甩开悲伤

动作：双腿做开合跳状，同时双手手掌朝外在胸前交叉再打开，伸展三至四次。

歌词：生气想爆炸就大声唱

动作：双腿做开合跳状，同时双手叉腰跳三至四次。随后双手放在嘴边做喇叭状从左到右扭动一次，从右到左扭动一次。

歌词：爱很easy很easy ye～～～

动作：双手放在胸前朝左转两圈，随后朝右转两圈。

歌词：心情很easy很easy喔～～～

动作：双手放在胸前再往上，随后抖动肩部。

歌词：梦很easy很easy ye～～～

动作：腰部左右扭动，双手随着腰部扭动的节拍前后穿插摇摆。

歌词：笑一笑没什么大不了

动作：双手在胸前抱拳左右摇摆，随后右手高举，同时保持原地抖动跳跃状。

歌词：雨下再大又怎样

动作：双手胸前交叉随后朝两边甩开，紧接着手臂在肩膀前转一圈放在耳朵两侧朝自己扇风。

歌词：干脆开心地淋一场

动作：双手掌心朝上放在肚子前，随后朝两侧摊开手，重复三至四次。

歌词：天空是绵绵的糖

动作：双手胸前交叉随后朝两边甩开，紧接着手臂在肩膀前转一圈放在耳朵两侧朝自己扇风。

歌词：就算塌下来又怎样

动作：双手掌心朝上放在肚子前，随后朝两侧摊开手，重复三至四次。

歌词：雨下再大又怎样

动作：双手胸前交叉随后朝两边甩开，紧接着手臂在肩膀前转一圈放在耳朵两侧朝自己扇风。

歌词：干脆开心地淋一场

动作：双手掌心朝上放在肚子前，随后朝两侧摊开手，重复三至四次。

歌词：彩虹是微笑的脸

动作：双手胸前交叉随后朝两边甩开，紧接着手臂在肩膀前转两圈。

歌词：难过就抬起头大声唱

动作：双腿做开合跳状，同时双手叉腰跳三至四次。随后双手放在嘴边做喇叭状从左到右扭动一次，从右到左扭动一次。

歌词：爱很easy很easy ye～～～

动作：双手放在胸前朝左转两圈，随后朝右转两圈。

歌词：心情很easy很easy喔～～～

动作：双手放在胸前再往上，随后抖动肩部。

歌词：梦很easy很easy ye～～～

动作：腰部左右扭动，双手随着腰部扭动的节拍前后穿插摇摆。

歌词：笑一笑没什么大不了

动作：双手在胸前抱拳左右摇摆，随后右手高举，同时保持原地抖动跳跃状。

歌词：天空是绵绵的糖

动作：双手胸前交叉随后朝两边甩开，紧接着手臂在肩膀前转一圈放在耳朵两侧朝自己扇风。

歌词：就算塌下来又怎样

动作：双手掌心朝上放在肚子前，随后朝两侧摊开手，重复三至四次。

歌词：雨下再大又怎样

动作：双手胸前交叉随后朝两边甩开，紧接着手臂在肩膀前转一圈放在耳朵两侧朝自己扇风。

歌词：干脆开心地淋一场

动作：双手掌心朝上放在肚子前，随后朝两侧摊开手，重复三至四次。

歌词：easy easy

动作：腰部左右扭动，双手随着腰部扭动的节拍前后穿插摇摆。（重复）

歌词：爱很easy很easy ye～～～

动作：双手放在胸前朝左转两圈，随后朝右转两圈。

歌词：心情很easy很easy喔～～～

动作：双手放在胸前再往上，随后抖动肩部。

歌词：梦很easy很easy ye～～～

动作：腰部左右扭动，双手随着腰部扭动的节拍前后穿插摇摆。

歌词：笑一笑没什么大不了

动作：双手在胸前抱拳左右摇摆，随后右手高举，同时保持原地抖动跳跃状。

歌词：天空是绵绵的糖

动作：双手胸前交叉随后朝两边甩开，紧接着手臂在肩膀前转一圈放在耳朵两侧朝自己扇风。

歌词：就算塌下来又怎样

动作：双手掌心朝上放在肚子前，随后朝两侧摊开手，重复三至四次。

歌词：雨下再大又怎样

动作：双手胸前交叉随后朝两边甩开，紧接着手臂在肩膀前转一圈放在耳朵两侧朝自己扇风。

歌词：干脆开心地淋一场

动作：双手掌心朝上放在肚子前，随后朝两侧摊开手，重复三至四次。

歌词：彩虹是微笑的脸

动作：双手胸前交叉随后朝两边甩开，紧接着手臂在肩膀前转两圈。

歌词：悲伤bye bye快乐不需要理由

动作：双手叉腰，同时双脚分开做原地跳跃状。随后双手举至胸前做大幅度拜拜状。

插语：

希望，是无论做什么事，相信总能成功的美好愿望。拥有希望的人，即使遇到困难，仍会为实现目标继续努力。他们对未来充满乐观，相信幸福掌握在自己手中。

结语：

积极行动的人都充满希望。希望的种子，只有撒在奋斗的土地上才能发芽。让我们积极行动起来，在行动中一定会有好事发生。把好事写下来，并把为什么会发生这样的好事写下来。如做题的正确率提高了，是因为自己坚持不懈地每天练习，赶紧行动吧，未来会因此更加充满希望！

预设效果：

学生们舞完后活力十足，更加充满希望与动力地去认真学习。

品质22：幽 默

生长吧

活动类型：带动唱

活动形式：全体

所需器材：音乐《生长吧》

活动目的：

（1）通过欢乐的节奏，加强学生之间的互动，歌颂生命的顽强和伟大。

（2）生长象征着希望，通过歌曲描绘的向阳而生、欣欣向荣的景象，传递积极向上的正能量。

导语：

生命是什么？生命是在你奄奄一息时让你存活下来的那一口气；生命是努力享受自然，珍惜每一分每一秒；生命是在恶劣的环境中不屈向上、苗壮生长的小苗。同学们，让我们一起向阳而生，健康成长。

♪ 前奏动作：双手举过头顶，跟随音乐节奏挥动。

歌词：播一粒种子

动作：双手举过头顶，指尖相对，左手拇指、食指和右手拇指、食指在胸前做成一个"心"形。

歌词：让心愿发芽开花

动作：双手托下巴做一个花朵的动作。

歌词：用缤纷的果实

动作：双手做成星星闪烁的动作。

歌词：把阳光报答

动作：先举左手过头顶，掌心向外，再举右手过头顶，掌心向外，双手向身两侧平摊，手掌向上。

歌词：童年的梦

动作：双手托下巴，随后双手合十放在左脸侧，呈睡觉的姿势。

歌词：是在快乐中长大

动作：双手交叉在胸前，随后双手举过头顶，再向身体两侧张开。

歌词：伴着光阴的期待

动作：双手交叉在胸前。

歌词：生长吧

动作：双手一边向上举，一边做旋转的姿势。

歌词：扬起了笑脸

动作：左手拇指和食指，右手拇指和食指做成"枪"形，做"微笑"的动作。

歌词：把志向写进童话

动作：双手平摊，做成书本的姿势（做两下）。

歌词：用今天的起跑

动作：左手食指和中指在右手臂上做出行走的姿势。

歌词：向明天出发

动作：举起左手，食指指向左侧。

歌词：童年的歌

动作：双手托下巴，双手手掌相对，放在嘴巴两侧。

歌词：在天地间飞翔

动作：左手拇指和右手拇指交叉，双手的另外四根手指做成翅膀，做成小鸟飞翔的动作。

歌词：伴着关爱和嘱托

动作：双手交叉在胸前。

歌词：生长吧生长吧

动作：双手一边向上举，一边做旋转的姿势。

歌词：这是学习做人的时光

动作：左臂在下，右臂在上，做出端正坐姿的姿势，左手食指和右手食指做成"人"形。

歌词：生长吧生长吧

动作：双手一边向上举，一边做旋转的姿势。

歌词：这是学习立志的年华

动作：双手在胸前做成竖大拇指的动作，随后双臂向前伸。

歌词：生长吧生长吧

动作：双手一边向上举，一边做旋转的姿势。

歌词：这是学习创造的开始

动作：双手食指竖起来，双臂往前伸。

歌词：生长吧生长吧

动作：双手一边向上举，一边做旋转的姿势。

歌词：这是沐浴阳光的季节

动作：双手食指和中指分别做成"V"形，并在一起，双臂往前伸。

歌词：生长吧生长吧

动作：双手一边向上举，一边做旋转的姿势。

插语：

同学们，我们是不是祖国未来的花朵？是不是祖国未来的栋梁？让我们一起快乐长大，早日成长为建设祖国的参天大树。

结语：

同学们，生命的力量无处不在，让我们一起迎接阳光，在阳光下茁壮、快乐地成长。

预设效果及适用场景：

通过带动唱，用欢乐的节奏歌颂生命的顽强伟大和朝气蓬勃、欣欣向荣，传递希望的力量。适用于活动结尾与学生的互动。

早安隆回

活动类型：带动唱

活动形式：全体

所需器材：音乐《早安隆回》

活动目的：

（1）让学生善于观察，善于从生活中发现美好并从中有所领悟。

（2）带给学生坚持学习的动力。

（3）珍惜身边的同学之情、体谅父母的艰辛与不易、感恩老师的教育。

（4）传达风雨无阻、不忘初心、砥砺前行的正能量。

导语：

总有一种力量推着我们成长，在黑夜中总有最亮的星指引着我们前行，在战胜疫情、迎接美好未来的时刻，我们最需要的便是如歌词所表达的意思：你若安好便是晴天！同学们，加油！

歌词：我要对你说声谢谢你

动作：双手交叉放至胸前，随后双手向前指，双手竖起大拇指，大拇指弯曲、再伸直数次。

歌词：晚安我的baby

动作：双手合十放在右脸，身体向右稍稍倾侧。

歌词：你是那夜空中最美的星星

动作：双手胸前交叉，左脚跨左前右脚跟上并拢；双手胸前交叉，右脚跨右前左脚跟上并拢；左手叉腰，右手高举，左右摆动；脚步动作：左抬腿随后右抬腿、左抬腿随后右抬腿。

双拳举过头顶，右上伸展拉到左下，左上伸展拉到右下，伴随脚步动作左脚跨前右脚向后靠拢，右脚跨前左脚向后靠拢。

歌词：照亮我一路前行

动作：右脚蹬踏动作向前，左脚靠拢。左脚往后踩，右脚靠拢，伴随双臂摆动。

歌词：你是我生命中最美的相遇

动作：双手交叉摆动数次；脚步动作：右脚交叉往左边退后，左脚不动，左脚交叉往右边退后，右脚不动。双手掌朝前举过头顶，左右挥动，脚步动作：左踏步右踏步。

歌词：你若安好便是晴天

动作：双手掌举到胸前向左画圈擦玻璃，向右画圈擦玻璃，左脚往左跨，右脚向后靠拢，右脚往右跨，左脚向后靠拢。左脚踏左一步右脚靠拢一步，双手从下往上跟着音乐节拍拉开向上。

插语：

同学们，这首歌把我们带进了森林、带进了大自然，闭上眼睛感受隆回的夜晚，是否很宁静？以这种心态来反思一下我们的学习，定下心来钻研学问，收获的不仅仅是知识，还有宁静祥和的心境。

结语：

动人的旋律、真诚的感情、美好的寄托安抚了三年来被疫情影响的人们的心，这首歌给予了我们无穷的能量，让我们能继续勇敢地前行，我们是新时代的缔造者！十年磨一剑，一朝试锋芒！愿你能乘风破浪，不负韶华时光，学习才是出路！

预设效果：

通过带动唱，同学们能放松心情，内心变得安详而宁静，把累积的忧伤、烦躁和压力一扫而空，感受这美好的生活。

品质23：信 仰

真心英雄

活动类型：带动唱

活动形式：全体

所需器材：音乐《真心英雄》

活动目的：

（1）通过带动唱的形式，加强与学生的互动，引导学生学会珍惜当下，为自己的梦想奋斗。

（2）引导学生勇于面对挑战，不怕困难。

导语：

成功，说起来容易做起来难。在通往成功的道路上会有无数荆棘，但往往荆棘之后就是鲜花，只要你勇往直前，就能尝到成功带给你的快乐和满足，同学们，我们一起向成功的道路前进吧！

♪ 前奏动作：双手举过头顶，跟随音乐节奏挥动。

歌词：在我心中曾经有一个梦

动作：双手手掌交叉，捂胸口，然后在胸前做"心"形；双手画一个圆，随后双手合十放在左脸侧，做睡觉的姿势。

歌词：要用歌声让你忘了所有的痛

动作：双手手掌相对，放在嘴巴前面；双手举起，手掌向身后，双臂向身体靠近。

歌词：灿烂星空谁是真的英雄

动作：双臂举过头顶，双手做出星星闪烁的动作，随后双手在胸前做出竖起大拇指的动作。

歌词：平凡的人们给我最多感动

动作：双手手掌向上打开平摊，上下翻动；双手交叉捂胸口，双手握拳，双臂在胸前做滚动的动作。

歌词：再没有恨也没有了痛

动作：双手在胸前交叉，做出"不"的动作；双手在胸前握拳相对，做出"碰撞"的动作。双手在胸前交叉，做出"不"的动作，右手做成"一把刀"的动作，砍向左手手腕。

歌词：但愿人间处处都有爱的影踪

动作：双手手掌向上打开平摊，上下翻动，左手在胸前做一个竖起大拇指的动作，右手手掌在左手大拇指上方画圈移动，双臂互抱，左右摇摆。

歌词：用我们的歌换你真心笑容

动作：双手手掌相对，放在嘴巴前面，双手食指向外指；双手食指和拇指分别做成"枪"的动作，在嘴巴下面画弧，做"微笑"的动作。

歌词：祝福你的人生从此与众不同

动作：右手握拳，左手包在右拳外，做成祝福的动作；双手打开平摊手掌向上，上下翻动。

歌词：把握生命里的每一分钟

动作：双手握拳，双臂举到胸前，右手食指指着左手手腕戴手表的位置。

歌词：全力以赴我们心中的梦

动作：做出向前奔跑的动作，在胸前比"心"；双手合十放在左脸侧，做一个睡觉的姿势。

歌词：不经历风雨怎么见彩虹

动作：双手在胸前交叉，做出"不"的动作；双臂在面前画"S"，然后举过头顶，双手交叉，双臂往两边身侧落下。

歌词：没有人能随随便便成功

动作：双手在胸前交叉，做出"不"的动作，双手在胸前做出竖起大拇指的动作。

歌词：把握生命里的每一次感动

动作：双手握拳，双臂举到胸前，然后往前伸的过程中竖起双手食指；双手握拳，双臂在胸前，做成滚轮的动作。

歌词：和心爱的朋友热情相拥

动作：右手抱左臂，左手抱右臂，左右摆动。

歌词：让真心的话和开心的泪

动作：双手拇指和食指做成"枪"的动作，从下巴开始双臂往前伸；双手食指和拇指分别做成"枪"的动作，在嘴巴下面画弧，做"微笑"的动作，双手竖起食指，在眼睛前上下摆动。

歌词：在你我的心里流动

动作：双手食指向外指，双臂向前伸，双手交叉捂胸口，随后在胸前做一个"心"形；双手握拳，双臂在胸前，做成滚轮的动作。

插语：

同学们，让我们携起手来，一起突破难关，走向成功，让我们沿着通往理想的道路奔跑吧！

结语：

"不经历风雨，怎样见彩虹，没有人能随随便便成功！"只有自立自强，有甜蜜梦想与伟大高尚的思想情操的人，才能看见灿烂夺目的彩虹，才能做生活的强者，才能过上愉悦、美满的生活。

预设效果及适用场景：

以带动唱的形式，通过歌曲向学生传递不畏困难、勇于挑战的精神；适用于活动开始前活跃气氛。

我相信

游戏类型：带动唱

活动形式：全体

所需器材：音乐《我相信》

活动目的：

（1）树立学生自信自强的信念。

（2）激发学生青春飞扬的心态。

导语：

我们都是风华正茂的学生，我们应该有勇气去拼搏。作为当代骄子，应如诸葛亮所说："志当存高远。"要用坚定不移的信念照亮光明美好的未来。

♪ 前奏：嘿耶——嘿耶——嘿耶——

动作：双臂伸直左右摇摆；先左手手掌伸直放在嘴边，右手手掌伸直放在嘴边。

歌词：**想飞上天　和太阳肩并肩**

动作："想飞上天"，双手左右伸开，拇指双扣，做小鸟振翅飞翔的动作；"太阳"，双手举起，手指做圆表示太阳；"肩并肩"，双手手指触碰肩膀两次。

歌词：**世界等着我去改变**

动作："世界"，双手左右打开；"我"，双手拇指指向自己；"改变"，双手握拳，拳头交错转动。

歌词：**想做的梦从不怕别人看见**

动作："想做的梦"，双手合十放在左边脸下；"从不怕"，双手伸出，手掌摆动；"看见"，双手手掌放在额头处。

歌词：在这里我都能实现

动作："在这里我"，先左后右双手手指指向自己；"实现"，双手伸直画圆，到回到胸前双手竖起拇指往两边划开。

歌词：大声欢笑　让你我肩并肩

动作："大声欢笑"，双手拇指、食指竖起做"7"形状，从中间往两边划去；"让你我"，双手向前伸出表示"你"，双手指向自己表示"我"；"肩并肩"，双手手指触碰肩膀两次。

歌词：何处不能欢乐无限

动作："何处"，双手左右打开；"不能"，双手手掌伸直摇摆；"欢乐无限"，双手向上举两次，手指开合。

歌词：抛开烦恼　勇敢地大步向前

动作："抛开烦恼"，右手食指、中指伸出做"耶"放在右边太阳穴，然后往外抛出，双手手指做成爪状，在头部两边转动两下；"大步向前"，双手握拳，双臂前后摆动，做跑步状。

歌词：我就站在舞台中间

动作："我"，双手手指指向自己；"舞台"，双手向左右伸开；"中间"，双手伸到头顶做"三角形"。

歌词：我相信我就是我　我相信明天

动作："我相信"，左手放在胸前；"我就是我"，右手食指、中指伸出做"耶"放在右边太阳穴，然后往外抛出；"明天"，双手向上伸，手指比圆，表示太阳。

歌词：我相信青春没有地平线

动作："我相信"，右手放在胸前；"青春"，双手握拳举起放在头部两边；"没有"，双手手掌伸出摇摆；"地平线"，双手手指点动，双手往左右两边拉开。

歌词：在日落的海边　在热闹的大街

动作："日落"，双手伸出食指，左手在下，右手在上，指尖相对，从右上向左下划去；"热闹"，双手手指做成爪状，在头部两边转动两下；"大街"，双手手心相对，从里往外伸。

歌词：都是我心中最美的乐园

动作："心中"，双手在胸前比心；"最美的乐园"，双手拇指伸出，向两边划去。

歌词：我相信自由自在　我相信希望

动作："我相信"，右手放在胸前；"自由自在"，双手握拳在头部两侧做加油的动作两次；"希望"，双手胸前手指交叉抱拳。

歌词：我相信伸手就能碰到天

动作："我相信"，右手放在胸前；"伸手"，双手向上伸；"天"，双手食指、拇指伸出，做"7"字，向上伸两次。

歌词：有你在我身边让生活更新鲜

动作："你"，双手向前伸；"在我身边"，双手胸前交叉，双手拍肩膀两次；"更新鲜"，双手在头部两侧举起，双掌摇动。

歌词：每一刻都精彩万分

动作："每一刻"，双手食指伸出；"精彩万分"，双手食指收回，拇指伸出，做点赞的动作。

歌词：I do believe

动作：双手握拳做加油动作，然后右手握拳向上伸。

结语：

勇气和理想要靠激情来延续，希望与梦想给予了我们奋斗的激情，也是我们追求快乐的源泉和动力。激情是划过天际的流星，璀璨了整个夜空，在短暂的炫目后留下的是永恒的消逝，却足以打破时间的定律，永载史册，成就不朽。

再回首，身后有的不只是那远古的辰光，还有我们流逝的青春。请拒绝平淡，告别无为。因为我们有青春，所以，在波涛汹涌的海浪中我们才能远航，让我们在蔚蓝的大海里激荡出青春生命中最美的浪花。

预设效果：

通过带动唱，激发学生自信自强的理念，使学生明白青春正当时，需要努力奋斗的道理，不能因为挫折、困难就自暴自弃。

隐形的翅膀

游戏类型：带动唱

活动形式：全体

所需器材：音乐《隐形的翅膀》

活动目的：

（1）通过带动唱，让学生体会到付出的努力不会白费的道理。

（2）增强学生到达成功彼端的信心。

导语：

每个人的心中都有一双翅膀，它总能带着我们在梦想的天空中自由地翱翔，让我们张开心中的翅膀，在这美妙的世界中自由地飞翔。

♪ 前奏动作：双手背后，双脚分开，随着音乐左右摇摆。

歌词：每一次都在徘徊孤单中坚强

动作："每一次"，双手食指伸出；"徘徊"，双手伸出食指、中指做人行走的姿势，先从右上往左下，再左上往右下；"坚强"，双手握拳，在胸前做加油动作。

歌词：每一次就算很受伤也不闪泪光

动作："每一次"，双手食指伸出；"受伤"，右手伸出，左手手掌做出"刀"的姿势，劈向右手；"不"，双手伸出，手掌摇摆；"泪光"，双手伸到眼下，掌心对面，手指点动从上往下滑落，表示眼泪。

歌词：我知道 我一直有双隐形的翅膀

动作："我"，双手手指指向自己；"一直"，双手食指伸出，向左右两边划开；"隐形的翅膀"，双手背后。

歌词：带我飞 飞过绝望

动作："带我飞"，双手掌心朝下，做鸟的手势，从下往上抬升；"飞过绝望"，双手打开做翅膀的动作，振翅三次。

歌词：不去想 他们拥有美丽的太阳

动作："不去想"，双手手掌伸出，摆动；"美丽的太阳"，双手举高，两手掌分开做出太阳的形状，左右摇摆三次。

歌词：我看见　每天的夕阳也会有变化

动作："我"，双手手指指向自己；"看见"，双手举到额头，做眺望状；"夕阳"，双手举高，两手掌分开做出太阳的形状，后从右边滑落手臂。

歌词：我知道　我一直有双隐形的翅膀

动作："我"，双手手指指向自己；"一直"，双手食指伸出，向左右两边划开；"隐形的翅膀"，双手背后。

歌词：带我飞　给我希望

动作："带我飞"，双手掌心朝下，做鸟的手势，从下往上抬升；"给我希望"，双手举高左右45°打开。

歌词：我终于看到所有梦想都开花

动作："我终于看到"，双手举到额头，做眺望状；"梦想开花"，双手伸直从左右两边滑落，手指闪动表示开花。

歌词：追逐的年轻歌声多嘹亮

动作："追逐的"，右手比"耶"放在右眼处，掌心朝外，从中间往右边划过，身子往右边摆动；"歌声"，双手放在嘴边，做喇叭状，先左后右。

歌词：我终于翱翔　用心凝望不害怕

动作："我终于翱翔"，双手举高45°打开；"用心凝望不害怕"，双手抱拳放在胸前。

歌词：哪里会有风就飞多远吧

动作："哪里会有风"，双手掌心向外，蛇形从上往下滑落；"飞"，右手在上左手在下45°伸直，身体往右侧转。

间奏动作：双手背后，双脚分开，随着音乐左右摇摆。

歌词：不去想　他们拥有美丽的太阳

动作："不去想"，双手手掌伸出，"摆动"，美丽的太阳：双手举高，两手掌分开做出太阳的形状，左右摇摆三次。

歌词：我看见　每天的夕阳也会有变化

动作："我"，双手手指指向自己；"看见"，双手举到额头，做眺望状；"夕阳"，双手举高，两手掌分开做出太阳的形状，后从右边滑落手臂。

歌词：我知道　我一直有双隐形的翅膀

动作："我"，双手手指指向自己；"一直"，双手食指伸出，向左右两边划开；"隐形的翅膀"，双手后背。

歌词：带我飞　给我希望

动作："带我飞"，双手掌心朝下，做鸟的手势，从下往上抬升；"给我希望"，双手举高左右45°打开。

歌词：我终于看到所有梦想都开花

动作："我终于看到"，双手举到额头，做眺望状；"梦想开花"，双手伸直从左右两边滑落，手指闪动表示开花。

歌词：追逐的年轻歌声多嘹亮

动作："追逐的"，右手比"耶"放在右眼处，掌心朝外，从中间往右边划过，身子往右边摆动；"歌声"，双手放在嘴边，做"喇叭"状，先左后右。

歌词：我终于翱翔　用心凝望不害怕

动作："我终于翱翔"，双手举高45°打开；"用心凝望不害怕"，双手抱拳放在胸前。

歌词：哪里会有风就飞多远吧

动作："哪里会有风"，双手掌心向外，蛇形从上往下滑落；"飞"，右手在上左手在下45°伸直，身体往右侧转。

歌词：隐形的翅膀　让梦恒久比天长

动作："隐形的翅膀"，双手后背，头低下；"让梦"，双手握拳，从下往上交错转动。

歌词：留一个愿望让自己想象

动作："留一个愿望"，低头，双手抱拳放在胸前；"让自己想象"，双手食指伸出，放在太阳穴，从上往下打转下降，最后回到低头抱拳祈祷姿势。

插语：

梦想正尽情地在天际遨游飞翔，我相信终有一天，这双翅膀会带着我实现梦想。

结语：

希望同学们要坚强，无论什么时候都要坚持自我，不能放弃。情况再糟糕的时候都不要失望，因为明天还会升起新的太阳，我们还有新的希望。要有自己的理想，并且要朝着自己的理想前进。我们有很多双隐形的翅膀，它们会托举着我们朝未来前进。要有勇气，不要遇到挫折就怯懦，不能被困难打倒。

预设效果：

通过带动唱，激发学生对生命的无限热爱、对理想的无限追求，还有在困难和挫折面前不退缩、不低头的那份勇气；对命运不公的抗争，对世事难料的包容，还有在讥笑和嘲讽面前不沮丧、不颓废的那种坚强。

品质24：希 望

祖 国

游戏类型： 带动唱

活动形式： 全体

所需器材： 音乐《祖国》

活动目的：

（1）培养爱国精神。

（2）培养良好的人生观、价值观。

导语：

我们现在虽然只是一个学生，但担负着祖国的未来，虽然现在不能为祖国贡献出自己的全部力量，但总会有发光发热的一天。作为学生，我们应该坚守好自己"学习"的阵地，只有学到了知识，才能更好地报效祖国！

♪ 前奏动作：自然站立。

歌词：我所站立的地方

动作：两臂弯曲，指尖朝胸口；然后右手握拳放在左手掌上；接着双臂交叉向外画半圆。

歌词：梦想在此起航

动作：双手握紧，低头呈祷告式；然后双手握拳，右臂弯曲，臂肘朝右上方，左臂伸直朝左下方45°。

歌词：红旗自由飞扬

动作：右臂伸直招手，左手背后；然后双臂举起呈波浪式由上至下。

歌词：你我背负着理想

动作：两只手臂向前伸直，五指并拢滑向胸前；然后双手握拳，手臂弯曲垂直于地面方向。

歌词：是祖辈的寄望

祖国：左臂自然垂放；右臂弯曲，右手贴在左肩，低头；然后右手向右上方举起，头抬起。

歌词：让爱无畏绽放

动作：双臂弯曲，双手在胸前比"心"；然后双臂伸直举高，头抬高。

歌词：去拥抱这世间的友好

动作：双手交叉置于胸前；然后双手合掌，向右上方举起。

歌词：敢爱敢恨不悔

动作：右手握拳，手臂弯曲垂直于地面方向；然后左手握拳，手臂弯曲垂直于地面方向；接着双臂同时做出加油的动作。

歌词：赤子的心无愧

动作：右臂弯曲，手握拳敲击两次左肩；然后双手举起食指左右晃动。

歌词：你听到我勇敢的咆哮

动作：头右转，左手放在耳边做听的动作；然后双臂弯曲，指尖朝胸口；接着双手张开放在嘴边做喊的动作由左至右。

歌词：那由衷的骄傲

动作：双臂弯曲于两侧做棒的动作两次。

歌词：如星辰闪耀

动作：双手举起食指指向上方；然后双臂伸直举高，两手手指做星星的动作。

歌词：我亲爱的祖国

动作：双臂弯曲指尖朝胸口；然后双手做屋顶的动作举过头顶。

歌词：让我对你述说

动作：双臂弯曲指尖朝胸口；双手张开放在嘴边做喊的动作。

歌词：永不变的爱心充满了期待

动作：双臂向两侧画圆由下至上，于头顶做"比心"的动作；然后双臂弯曲交叉于胸前做祈祷的动作。

歌词：我愿乘风破浪

动作：双臂弯曲指尖朝胸口；手掌朝前，由右上滑向左下。

歌词：跨越山河海洋

动作：左臂自然垂放，右手臂弯曲平行于地面方向，做波浪式动作。

歌词：只为了托起初升的太阳

动作：双臂张开，缓慢向上举起，头抬高。

副歌部分：这有团结的默契和打不倒的精神，坚决捍卫国旗，是你我共同的心声，你若炽热发光，世界便不再冰冷，让热血持续澎湃新时代的年轻人，一夜之间孩子都长大了，为正义出征，只因为我们同在这片土地上出生，一个伟大的梦，由14亿人筑成，为祖国发声，守护心中的赤诚。

以上动作重复一遍，除副歌部分（从"我所站立的地方"至"只为了托起初升的太阳"）。

歌词：我亲爱的祖国

动作：双臂弯曲指尖朝胸口；然后双手做屋顶的动作举过头顶。

歌词：让我对你述说

动作：双臂弯曲指尖朝胸口；双手张开放在嘴边做喊的动作。

歌词：永不变的爱心充满了期待

动作：双臂向两侧画圆由下至上，于头顶做"比心"的动作；然后双臂弯曲交叉于胸前做祈祷的动作。

歌词：我愿乘风破浪

动作：双臂弯曲指尖朝胸口；手掌朝前，由右上滑向左下。

歌词：跨越山河海洋

动作：左臂自然垂放，右手臂弯曲平行地面方向，做波浪式动作。

歌词：只为了托起初升的太阳

动作：双臂张开，缓慢向上举起，头抬高。

插语（副歌部分）：

作为正处于人生观、价值观形成的关键时期的青少年，作为未来的支柱，我们要有敢于担当大任的勇气和敢于实现梦想的决心。从黄帝开创历史至今，我们在诵读历史中看到太多太多的事迹，不管遇到多大的困难，比如，地震、泥石流、洪灾，我们的前人总是会在饱经沧桑后面带微笑。

结语：

或许，我们真的太渺小、太无足轻重，但我们应当坚信滴水会有穿石日，长风破浪会有时。循序渐进才能赢得时间，细水长流方能直达永恒。

预设效果：

通过带动唱，调节情绪、舒展身心，让学生建立起良好的价值观，培养其坚韧的精神。

新征程

活动类型：带动唱

活动形式：全体

所需器材：音乐《新征程》

活动目的：

（1）回顾历史，正视现实，牢固树立为中华民族的伟大复兴而努力奋发的坚定信念。

（2）展望未来，要高瞻远瞩，以民族发展大计为重，刻苦学习，努力拼搏，报效祖国。

导语：

同学们，要审时度势，把握时代潮流，敢为人先、敢于突破；要有逢山开路、遇河架桥的意志，为了创新创造而百折不挠、勇往直前；更要有探索真知、求真务实的态度，在创新创造中不断积累经验、取得成果。

歌词：一百年前的长夜告诉我

动作：右手伸出食指，其余四指弯曲，然后从左拳的骨节处向下划（拳背四个骨节代表四季，直划下去表示一年）；双手食指相对，从中间向两侧拉开，左手食指微曲，从嘴部向前微伸，表示把话说给别人听。

歌词：跟你走是我无悔的抉择

动作：双手拇指、小指伸直，一前一后往前移，象征一个人跟着前面一个人走的样子；右手伸开食、中指，指尖向下，一前一后交替向前移动，左手握住右手。

歌词：一只红船上的点点星火

动作：左手伸出食指，其余四指弯曲；双手侧伸，指尖相抵向前移动，如船向前行驶；双手五指微屈指尖向上，交替上下动几下，做火苗跳动状。

歌词：闪烁在一个民族的至暗时刻

动作：左手伸出拇指、小指，坐于右手掌心上；双手食指搭成"人"字，左手五指张开，向对侧做弧形移动，五指同时收拢。

歌词：一百年后的回眸对我说

动作：左手伸出食指，其余四指弯曲，头部往后看，再往前看。

歌词：你不忘初心坚守着承诺

动作：左手食指指向对方，右手伸直，左右摆动几下，双手拇指、食指搭成"心"形，贴于左胸部；双手五指并拢，指尖相对，横立胸前。

歌词：苦难辉煌中升起的旗帜

动作：右手拇指、食指握成小圆圈，放于口边，脸露苦状；左手竖立，掌心向外，右手食指尖向上，贴于左手掌心由下向上移动。

歌词：引领我走进一个复兴的中国

动作：左手拇指、小指伸直，在右手掌心上向前移动；双手握拳立直。

歌词：没有你哪有新中国

动作：左手左右摆动，右手食指指向对方；左手伸出拇指，从右手背上向外划过，表示"全好"之意，此引申为"新"；双手握拳立直。

歌词：没有国哪有万家灯火

动作：双手指尖贴合，如屋顶状，双手五指微屈，指尖向上，交替上下动几下，如火苗跳动状。

歌词：天行健千秋家国

动作：左手伸食指，指尖向上，在头侧上方转动一圈；双手指尖贴合，如屋顶状。

歌词：沧海横流英雄本色

动作：双手平伸，掌心向下，向两旁做波浪形移动，动作幅度要大，象征海浪起伏波动的状态；双手伸拇指置于胸前，双手上下移动。

歌词：你重铸大国的魂魄

动作：左手食指指向对方，双手微屈，掌心向上，同时朝下一顿；双手指尖贴合，如屋顶状。

歌词：新征程千帆竞过

动作：左手伸出拇指，从右手背上向外划过，右手直伸，掌心向外，腕部贴在左掌心上，同时向前移动，如帆船向前行驶。

歌词：有了你才有新时代山河壮阔

动作：双手伸直摊开，左手手背向外，拇指、食指、小指直立，仿"山"字形，双掌相对，缓缓往两侧移动。

插语：

同学们，你们只有把正确的道德认知、自觉的道德养成、积极的道德实践紧密结合起来，不断修身立德，打牢道德根基，才能在人生道路上走得更正、走得更远。

结语：

中国梦是历史的、现实的，也是未来的；是我们这一代的，更是青年一代的。你们是与新时代同向同行、共同前进的一代。生逢盛世，肩负重任，就要乘着新时代的春风，在祖国的万里长空放飞青春梦想，以社会主义建设者和接班人的使命担当，为全面建设社会主义现代化国家不懈奋斗，让中华民族伟大复兴在一代代青年的接力奋斗中梦想成真！

预设效果：

通过带动唱，激励着广大青年砥砺奋进，为党和人民建功立业，为中华民族伟大复兴不懈奋斗。

第十章

带动唱下的教学方案设计

第一专题　智慧和知识

【活动主题】

培养开放性思维，打开创造力之门。

【活动介绍】

活动以带动唱、游戏互动、律动操、分享讨论等多种表现形式呈现，将学生放在主体地位，提升学生的参与性。活动旨在通过激发学生的好奇心和兴趣，培养他们的自信心，搭建学生构筑创新思维训练和创造力开发的平台，提升学生创新思维的品质，开发学生的创造力，为打造优秀班级文化打下基础。在小学教学中利用班级文化进行教育管理，需要重视对教室的布置。教室是学生进行学习的主要场所，在教室进行文化氛围的创新营造，可以对学生产生重要的熏陶作用，为班主任的班级管理搭建基础。在小学教育中，教师可以利用学生的创造力在教室的墙壁上进行有效的装饰，结合独特的空间，创设出生动的文化环境，从而陶冶学生的个性情操，激发学生的思维能力，拉近教师与学生的关系，从而促进教育管理的发展。

【培训必要（背景情况）分析】

学生的创造力最强，而随着其年龄的增长，创造力却在不断减退，同时，创造力也受人格特质、家庭背景、社会环境等方面的影响。

（1）由于受教育和循规蹈矩的生活经验的影响，学生容易形成定式思维，认识停留在对事物的抽象而不是事物本质的抽象。

（2）古板的班级文化建设不利于班级管理，也不利于校园文化的发展建设。

（3）一些家长包办代替的教育方式使孩子丧失了尝试与验证自己想法的能力，从而依赖性强，没有独立行事的愿望和能力。

（4）在传统观念的影响下，同学们都因害怕被批评而不敢表达自己的想法，整体的班级文化氛围显得过于古板无趣，不利于学生心理健康发展。

【活动目的】

（1）培养学生从多角度、多层次、多策略考虑问题、解决问题，全面地考虑事物并从各个角度来检验答案，不草率下结论。

（2）通过活动使学生认识到每个人都具有创新能力。

（3）让学生看到自己的价值，从而激发其参与班级管理的积极性，促进学生主体性的发展。

（4）最大限度地发挥每位学生的创造力，构成班级良好的创造创新环境，促进班级教育的有效管理。

【活动形式】

游戏互动、分享讨论、励志故事、带动唱。

【关键词】

观察、思考、想象、创新。

【活动步骤】

步骤1：热身小游戏《数字123》《音乐弹奏》《疯狂过山车》（热身期游戏）

《数字123》：考验大家专注力的时候到了，在《数字123》的环节中，当我说到3时同学们就拍一下手，其他数字就不用拍。好，我们开始，1、2、3，1、2、8，1、2、6，1、2、3，3，3，3，3，3，3，谢谢同学们的掌声，也借此把最热烈的掌声送给我们自己。

《音乐弹奏》：好，接下来我把同学们分成五组，第一组为音乐的do，当我的手给到第一组同学指示时，你们一起发do音，其他组同理；第二组为音乐的re，第三组为音乐的mi，第四组为音乐的fa，第五组为音乐的so。同学们根据老师的指示奏出乐谱：do do so so，la la so，fa fa mi mi，re re do。

《疯狂过山车》：感谢同学们的完美配合，奏响了一首欢快的歌曲。相信同学们去游乐园时也玩过过山车，过山车刺不刺激？那同学们一起玩的过山车你们又是否玩过呢？好，接下来我就带着同学们进入疯狂过山车环节。请同学们双手搭在前面同学的肩膀上，当我们玩过山车的时候，上坡身体会往后仰，下坡时身体会往前倾，而左转弯时身体往右靠，而右转弯时身体往左靠。请同学们根据我的指示，进行身体的不同方向摆动。

好，请同学们坐稳扶好，过山车准备启动，轰隆，轰隆。上坡，左转弯，右转弯，下坡，上坡，右转弯，左转弯，上坡，下坡，过山车到达终点。

游戏设计意图：

《数字123》能让同学们的注意力高度集中，同时也锻炼学生的思维快速反应能力，而且这种游戏气氛活跃，能调动同学们的积极性。

《音乐弹奏》将游戏与音乐教学结合起来，这种新颖的方式，同学们也更愿意接受，参与度高，在学中玩、玩中学。

《疯狂过山车》结合同学们的生活经验，创新游戏方式，给同学们一些新的尝试和体验，也对同学们产生创新性的启发。

步骤2：带动唱《丰收乐》（热身期歌曲）

导语：我国劳动人民在农业生产中总结出来的自然界的规律，是劳动人民智慧的结晶，对生产劳动具有重要的指导作用。人们的生活需要创新，创新推动了人类历史的进步，人们学会运用创新的思维才能让生活更加美好。

结语：同学们，我们要挥洒劳动的汗水，才能体会劳动的艰辛、收获劳动的快乐，成为真正的建设者！

歌曲意义：通过欢快的音乐，在活动的过程中体会到整个劳动过程的辛苦，教育学生没有任何东西是可以不劳而获的。强化学生对劳动教育的理解，激发学生积极劳动的心理，启发学生在劳动中创新的动力，主动承担班级的劳动，做一个有责任的劳动者。

步骤3：寻找组织《古诗分组》（互动期游戏）

主持讲解规则：同学们，现在导师会发给每位学生一张小字条，字条是由几首古诗拆分成的碎片。用双手把字条有字的一面朝外，放在自己额头前沿（导师先做示范），然后通过观察找到属于同一首古诗的队员，把古诗拼凑完整。整个过程同学们要用无声、非语言的方式进行沟通。找齐组员的一组可示意导师过来检查核实，核实无误后，方可把字条拿下查看。好，听我的口令：现在同学们可以举起小纸条，寻找你们的组织了。

大组讨论分享环节：接下来请同学们分享一下你们刚刚的游戏经验，大家刚才是通过什么方式找到自己的组织的？在寻找的过程中，遇到了哪些困难？是如何面对困境、克服困难，最终找到解决办法的？当别人还在困难当中时，你是怎样去面对的？大家可以将自己的感想说出来。

主持总结：我观察到刚刚在游戏中很多同学都很迷茫，不知道字条是出自哪首古诗，但是有些同学能冷静观察、分析，我也发现有部分同学能一起交流合作，表达自己的观点，通过诗句的细枝末节寻找答案；有些同学还在迷茫地不知所措时，他们还能主动上前指引帮助。整个环节当中没有同学因为古诗被拆分得杂乱无章、毫无头绪而放弃参与。

就好像我们同学平时出墙报，如果每次出的墙报都差不多，其他同学就会感觉很无趣，也不会去欣赏。但是如果发挥创意将墙报变得不一样，那么就能吸引同学去看里面的内容。我们还可以轮流参与班级布置，让每一堵墙都"说话"，构成班级良好的物质文化环境。

所以观察、思考、讨论、毅力是非常重要的，是创新、创造的前提，就是要我们抛开固有的观念，打开思想枷锁，任凭思想碰撞，大胆尝试。

游戏设计说明：分组游戏在全体学生参与的带动下，能提高学生之间的沟通，让同学们静心去观察、去发现、去探究，同时为提高准确率而从多方面去核实检验，不过早下定论。

步骤4：带动唱《偶像万万岁》

导语：我们每个人都有偶像，他们就像我们心目中的一个太阳，照耀着我们前进；他们就像一颗美丽的火种，燃起了我们青春的火焰，激励着我们阔步成长；他们就像我们心中的指南针，能为我们指引方向。无论是在座的同学们，还是年迈的老人，都有一个不平凡的梦，而支撑起这个梦的，是藏在内心深处的偶像，在我们遇到困难与挫折时，脑海里浮现出我们那位偶像，他就像遍布乌云的天空中出现的一束光，照亮我们前进的方向，让我们不再为失败而叹息流泪，不再计较以往的得与失，而是把目光聚焦于未来。

今天，老师给同学们带来一首《偶像万万岁》，我们要向心目中的偶像一样优秀，成为那个优秀的自己。

结语：加油吧，努力吧！同学们，只要我们不断地学习，就一定会不断地突破自己，我们每个人都有变得越来越优秀的能力，只要我们自己想，那我们就能一天比一天好。

歌曲意义：通过带动唱，把歌曲的正能量带给同学，每个同学都拥有独特的智慧和创造力，以积极的态度去接纳自己、欣赏自己，主动改正缺点、激发潜能，在日常生活中做更好的自己。

步骤5：突破难关《珠行万里》《造型拍照》（解难期游戏）

主持：真正考验同学们的时间到了，我设置了一些游戏挑战，看看同学们能否披荆斩棘、突破重围，现在开始我们的第一个挑战《珠行万里》。

全组人员每人拿一根PVC管，排成一列，同学们需要挑战的是将乒乓球从起点运送到终点，运送五个乒乓球则挑战成功，其间出现违规现象则重新开始计数。

游戏规则：

（1）参与者每人持一根活动管，不得多拿。

（2）每次只能运送一个乒乓球。

（3）运送途中如果球掉落，则需要重新开始。

主持：同学们都迎难而上、团结协作、斗志昂扬，我还听到有些组的同学说放马过来，很好，我们就要这种士气。现在我们开始另一个挑战《造型拍照》，玩法很简单，导师给出队员所需摆出的建筑，其中一个队员做指挥，根据建筑形状安排队员所处的位置和需摆出的动作，指示员到远处观看队员所摆出的形状，并指示队员调整位置。

小组讨论分享环节：同学们在两个挑战中情绪高涨，乐在其中，让在旁观看的我也很想参与其中，相信你们在挑战过程中也有很多趣事，我也很想听到同学们分享：

在第一个挑战当中，同学们遇到了什么阻碍呢？你们是怎么找到问题根源的？后来是怎么对应问题找到解决思路的？

在第二个挑战中，大家拿到任务卡看到上面的建筑后心情如何？当遇到困难时是如何解决的？有什么解决方法？觉得任务挑战成功是依靠哪些因素？

主持总结：经过刚才的分享，能感受到同学们浓浓的意犹未尽，在不同小组的分享中，同学们收获了很多应对困难的解决思路和新的启发，解决问题的方法原来可以有很多种。小组成员之间能积极表达自己的见解，不断试错、不断比较、不断选择，多角度、多层次、多方面去构思、去创作，这是最难能可贵的。我们的学习、我们的生活需要我们对事物保持好奇心，多去观察，多去思考，不要害怕试错。

游戏设计意义：

（1）让同学们在屡次失败中找到解决问题的方法，多去思考和观察，不断去尝试。

（2）突破思维局限，拓宽思维空间，激发学生智慧潜能，培养学生的创新意识和创造能力。

（3）为构建有特色的班级文化打下基础，鼓励学生勇敢说出自己的想法，在困难中找到出路。

步骤6：带动唱《奇迹再现》（解难期歌曲）

导语：无论我们是狮子还是羚羊，我们都必须奔跑；无论我们是暂时领先还是暂时落后，我们都必须拼搏！请时时刻刻告诉自己："我想飞，因为我有梦想；我能飞，因为我有信心！"昨天已成为过去，今天仍然在继续，美好的未来需要今天去拼搏。各位同学，努力、拼搏就会有奇迹，让我们用自己辛勤的汗水，来谱写一曲绚丽的乐章！

结语：天地如此广阔，世界如此美好，你们不仅仅是需要一对幻想的翅膀，更需要一双踏踏实实的脚！不要四处乱撞，在遇到挫折的时候，坦然地微笑着面对生活。孩子们，人生是一个奋斗的战场，精神焕发、步伐昂扬地向前冲吧，超越自我，创造奇迹！

歌曲意义：这世界永远不会像我们想象的那样一帆风顺，在追逐梦想的过程中，我们总要经历生活对我们的考验。虽然有时候坚持不一定会成功，但起码不会失败。对于梦想，我们还是应该脚踏实地，努力拼搏，只要我们足够努力，总会有奇迹出现的那一天。

步骤7：带动唱《和你一样》（结束期歌曲）

导语：同学们，打破困境的唯一解药，不是逃避，也不是对抗，而是跨越它，在做中学、错中学，只要保持肯学习的态度，总有出人头地的一天。

结语：困难是永远伴随我们每个人的，学会克服它，被打倒重新站起来，你就能拥有精彩的人生，你我他都行！不被困难打倒的精神，是你我他身上都具有的。

歌曲意义：通过带动唱，传递给同学们更多的正能量和自信，在自信高度发展的情况下，学生的创造力就会爆发，各自激活自己的小宇宙，为建设班级文化出谋献策，营造独一无二又有趣的班级学习氛围。

【活动感悟】

导师：在引导学生开拓创新的前提下，我们的活动也打破了传统灌输式讲座的形式，把学生作为活动的主体，更新教学方法，从玩中学、学中玩，在活动过程中释放自己，重新认识自己，从游戏中领悟道理，鼓励学生大胆求新，给足学生思考、发挥的空间，从而潜移默化地培养学生的创新能力。

学生：此次活动和之前的讲座不一样，我们的参与度很高，在此过程中也很开心，我们可以在游戏中任意发挥和创作，大家一起玩的同时也能学到东西，比如不要害怕犯错，也领悟到想要进步就需要不断去创新，不能原地踏步，不能一直待在自己的舒适圈的道理。在整个活动中，我们也认识到想要使学习变得生动有趣，就必须发挥创新能力去改变整个班级的文化氛围，让整个班集体变得有趣又开心，同学们也能自发地认真学习。

第二专题　勇　气

【活动主题】

我勇敢，我自信，我能行。

【活动介绍】

学生处于心灵发展的稚嫩阶段，对事物缺乏正确的判断能力，容易受到外在因素的诱导和影响。班级文化代表着整个班级的价值取向和行为趋向。加强学生班级文化建设，可以使学生在班级文化的熏陶、引导下，向积极的、正确的方向发展。班级文化是一种无形的文化，它能使学生在潜移默化中得到正确的教育，而且这种教育有着深远的影响。

【活动必要（背景情况）分析】

学生在学校会逐渐显现出自己的个性，做事情谨小慎微，缺少表现自我、展示自我的勇气。比如有些孩子很有潜力，但是因为缺乏自信心，没有超越别人、超越自我的勇气，所以不能充分展示出自身的能力。除了羞于表现自己，有的孩子还不能勇于承认错误，缺乏勇于担当的精神和气魄。这样下去，一方面，孩子会形成安于现状、不求上进的思想，缺乏积极向上的斗志；另一方面，孩子不但不能勇于承认错误，正视错误，还会养成说谎、欺骗的恶习。缺乏勇气，孩子就成了一潭死水，失去了活力，将会严重遏制孩子未来的发展空间，同时也会影响班级文化建设，不利于学校和班主任开展班级管理工作。

【活动目的】

（1）培养学生遇到挑战、威胁、挫折、痛苦的时候不退缩，意志坚定、勇敢面对的积极心理品质。

（2）让学生学会评估自己的思想、情感和行为，调整认知，并增强应变能力。

（3）让学生明白为人处世的原则与明辨是非及处理问题的道理，学会理智地面对问题、分析问题、解决问题，同时能把握时代脉搏，与时俱进，培养现代意识（竞争意识、法律意识等），使班级正气上升。

（4）调动学生参与班级建设的积极性，确立学生在班级管理中的主体地位，让他们在"自主管理"中获取成功，增强自信，学会自主，实现其自身的价值。

【活动形式】

游戏、故事、分享讨论、带动唱。

【关键词】

勇敢、自信、坚定信念。

【活动步骤】

步骤1：热身小故事《毛遂自荐》（热身期故事导入主题）

主持：在上课前我想先和同学们分享一个有关勇敢的小故事——毛遂自荐。毛遂在平原君门下做了三年门客，却一直不被重用。一次，赵国的形势万分危急，需要选二十个人去楚国求救。平原君挑了又挑，选了又选，最后还缺一个人。一个叫"毛遂"的门客自我推荐，说自己是藏在袋子里的金子，能随时发出光芒。平原君有些怀疑，但还是答应了。到了楚国，平原君与楚王商讨出兵救赵的事，可是楚王没同意。毛遂看时间不等人，一手提剑就冲到了楚王面前。他把出兵援赵有利楚国的道理做了非常精辟的分析。毛遂的一番话，说得楚王心悦诚服，答应马上出兵。平原君回到赵国后，待毛遂为上宾，从此毛遂受到重用。

同学们，这个故事带给你什么启发？（请一些同学发言）

主持总结（导入主题）：

故事中的毛遂虽然前期一直不被重视，但他没有怀疑自己的能力，而是抓住机会，勇敢地表现自己，为自己争取了发出光芒的机会。故事告诉我们，在机遇面前，就要勇敢地表现自己，积极地为自己争取机会。我们都是这个班级的一员，当需要为班集体荣誉做贡献的时候，我们要主动站出来，发挥我们的优势，为班集体出一份力。

故事设计意图：用司空见惯的成语——毛遂自荐，来讲解勇敢的意义，直入主题。

步骤2：寻找组织（热身期游戏）

主持讲解规则：同学们，现在导师会发给每位学生一张卡牌，拿到后不许翻开看，先用手把卡牌放在大腿上压着，然后用双手把卡牌有色的一面朝外，放在自己额头前沿（导师先做示范），然后通过观察找到属于你的小组，整个过程中同学们要用无声、非语言的方式进行沟通。找齐组员的一组可示意导师过来检查核实，核实无误后，方可把卡牌拿下查看。听我口令：好，现在同学们可以举起卡牌，寻找你们的组织了。

大组分享环节：老师想问大家刚才是通过什么方式找到自己的组织的？在寻找的过程中，遇到了哪些困难？是如何面对困境、克服困难，最终找到解决的办法的，你是如何处理的？（邀请同学分享）

主持总结：谢谢各位同学的分享，勇敢在学习中体现的是愿意挑战难题，迎难而上，想办法解决难题。希望同学们在接下来的"寻找组织"活动中，遵守规则，想办法找到各自的组织。

情景剧设计意图：通过卡牌使全体学生在无声沟通的规则下想办法找到组织，并完成分组，锻炼学生的智慧和勇气，激发学生挑战困难的斗志，同时，利用游戏的方式分组，为接下来的活动做铺垫。

步骤3：带动唱《青春修炼手册》（互动期歌曲）

导语：同学们，青年是祖国的未来，是民族的希望。青年一代要始终怀有身为新时代创造者和引领者的决心与信心，始终怀有学海无涯、学无止境的恒心与耐心，坚定理想信念，完善自身品质，通过自己的成长与蜕变，为祖国未来的繁荣发展声援喝彩！正值青春年少的你们，充满朝气的你们，要不断地用自己的努力去浇灌青春之花。面临升学，你们应不停地拼搏，让我们鼓起勇气，勇敢向前吧。

结语： 青春就像春天，就像早晨，充满生机和活力。青春是人生最美好的阶段，在这个阶段，我们充满激情，有着无限的力量；在这个阶段，我们雄心壮志，展翅高飞；在这个阶段，我们勇敢无畏，用年轻的心去拥抱创造力，让青春与梦想一起飞翔！

歌曲意义： 通过歌曲营造出一种自由向上的氛围，能很好地激发学生参与活动的兴趣。

步骤4：小游戏《换位思考》（互动期游戏）

主持讲解规则： 同学们，在成长的路上有喜悦也有烦恼，请在纸上写下你目前做过最勇敢的一件事和让你最困惑的一件事，然后随机和同学交换纸条相互了解，并写出你的建议。

大组讨论分享环节： 接下来我想请同学们分享一下你在写下的那件事情中如何展现了勇敢，以及想要如何帮助同学面对困惑的事情。

主持总结： 人生就像饺子，岁月是皮，经历是馅。酸甜苦辣皆为滋味，毅力和信心正是饺子皮上的褶皱，人在一生中难免会被狠狠挤一下，被开水煮一下，被人咬一下，倘若没有经历，硬装成熟，总会有露馅的时候。生活中的磨炼是必然，我们每天都在经历各种各样的磨炼，有的人在磨炼面前气馁了，有的人在磨炼面前选择放弃，也有的人在磨炼面前失败了，其实放弃了、气馁了、失败了都不可怕，可怕的是我们再也经受不住各种各样的磨炼。人之所以能不断地成长和成熟，其主要原因就是人每天都在经受磨炼，在磨炼中成长成熟。其实每个人都存在许多不足，和别人比起来还有一定的差距，但世上没有人天生就是成功者，也没有人会免于失意、挫折，只要坚定"相信自己一生能有作为"的信念，我们每一个人都会取得成功。

游戏设计说明： 通过换位思考的方式，帮助别人换个角度看待困惑，鼓励学生勇敢面对，并总结解决问题的方法。培养学生健康积极的心理品质，使班级正气上升。

步骤5：突破难关《角色扮演》（解难期游戏）

主持： 勇敢是当看到有人受到不公平对待的时候，会站出来维护弱者的利益。只要是正确的事，即使不受欢迎，也有勇气去做。当有人欺负别人时，会告诉这个人这样做是不对的。当看到有人被欺负时，会伸出援手，即使感到害怕，也会坚持正确的事，只要做的事正确，就算有人取笑，仍会继续做。接下来让我们通过角色扮演的方式，探讨勇敢的另一层含义。

游戏规则：

故事1：某个低年级学生在放学路上被高年级学生截住，威胁低年级学生把身上的贵重物品给自己，此时，路上同校的几个学生勇敢地站出来帮忙，通过打电话给家长和老师的办法来帮助低年级学生解决问题。

故事2：某初中学生帮同学打架，被人用石头砸伤了头并出了血，却不喊痛，同学称他真勇敢。

故事3：我最好的朋友在考试时作弊，并取得了好成绩，老师并没发现，只有我知道，我能否鼓起勇气向老师坦白？

（游戏结束后）

讨论分享环节：恭喜同学们，大家都表演得很出色。现在我想请同学们带着几个问题进行思考，然后与你们的组员分享你的感想和经验。当大家遇到那些情况时是怎么想的？为什么会选择这样做？

大组讨论分享环节：我看到大家在小组中讨论都很积极，接下来我想请一些同学向大家分享他们的经验，说说他们的想法，他们认为怎样做才是最适合的。

主持总结：其实打败你的人不是别人，而是你自己，让你畏缩不前的人不是别人，而是你自己。相信自己，你会发现自己的明天会更美好。希望我们大家一起努力，才能一分耕耘一分收获。

游戏设计意义：鼓励学生从身边小事做起，从自我做起，培养勇敢的品质，做一个勇敢的人。调动学生参与班级建设的积极性，人人有事做，事事有人做，学生看到了自己的价值，从而愿意自发主动地参与班级管理，促进了学生主体性的发展。

步骤6：带动唱《孤勇者》（解难期歌曲）

导语：回首三年疫情，大家的生活节奏都被打乱。但中国人总被最勇敢的人保护着，他们泪汗涔涔与时间赛跑，只想为所有人多赢一秒，他们矗立在死神与人民群众的中间，用血肉筑起守护华夏新的长城。他们有的是白衣天使，有的是穿梭在大街小巷的外卖员、快递员，有的是一直守护着我们的基层工作者，有的是一直在网络的彼端关心我们的老师们。他们都是勇敢的人。

过渡语：不是所有价值都以勋章为见证，不是所有英雄都闪烁着光辉，平凡英雄亦是璀璨的英雄，也曾照亮时代的夜空。那些熟悉的身影，那些来自身边的人的温暖带给我们无限感动和力量。英雄的不凡在于其勇气和担当，即便是平凡的人，也会因道义与奉献成为时代的楷模。

结语：所谓孤勇者，说的就是英雄，既可以是动画或游戏中不屈的主角，也可以是现实生活中那些平凡而不凡的英雄。孤勇者内心的使命力量可以使他们长年累月地坚持自我迭代持续成长，是一种始终坚持向上生长的力量给予了他们孤身走暗巷的勇气，即使身边没有人陪伴、缺少人鼓励，他们也依旧会坚持做有价值的事，不会轻易随波逐流。每一个时代都有一个时代的英雄。确实，有些人的事迹并不像武侠片中的那些大侠一样轰轰烈烈，但是他们在自己的岗位上一心一意，默默坚守，发光发热。英雄不论出处，在平凡的岗位上，只要我们认真负责，踏实肯干，我们也可以成为平凡的英雄，创造自己的价值。

歌曲意义：通过带动唱的方式演绎出来，学生们感受到勇敢的力量，培养其积极的情感并使活动氛围达到高潮。

步骤7：激励小故事《巴雷尼》（结束期总结）

主持：巴雷尼小时候因病成了残疾，母亲的心就像刀绞一样，但她还是强忍悲痛。她想，孩子现在最需要的是鼓励和帮助，而不是妈妈的眼泪。母亲来到巴雷尼的病床前，拉着他的手说："孩子，妈妈相信你是个有志气的人，希望你能用自己的双腿，在人生的道路上勇敢地走下去！好巴雷尼，你能答应妈妈吗？"母亲的话，像铁锤一样撞击着巴雷尼的心扉，他哇的一声扑到母亲怀里大哭起来。

从那以后，妈妈只要一有空，就陪巴雷尼练习走路、做体操，常常累得满头大汗。有一次妈妈得了重感冒，她想，做母亲的不仅要言传，还要身教。尽管发着高烧，她还是下床按计划帮巴雷尼练习走路。黄豆般的汗水从妈妈脸上淌下来，她用干毛巾擦擦，咬紧牙，硬是帮巴雷尼完成了当天的锻炼计划。体育锻炼弥补了残疾给巴雷尼带来的不便。母亲的榜样作用，更是深深地影响了巴雷尼，他终于经受住了命运给他的严酷打击。他刻苦学习，学习成绩一直在班上名列前茅。

最后，他以优异的成绩考进了维也纳大学医学院。大学毕业后，巴雷尼以全部精力，致力于耳科神经学的研究。最后，他终于登上了诺贝尔生理学或医学奖的领奖台。

主持总结：歌德说过："失去了勇气，你就把一切都失掉了！"生活中，天灾人祸在所难免，但为了事业的成功、理想的实现，人不能不鼓起足够的勇气去面对与奋斗。勇气有很多种，有的勇气是你在一个地方看到了许多糖却能忍着不吃，有的勇气是你口渴的时候先把水让给别人喝，有的勇气是微笑着面对失败，有的是……但是，我的勇气是在困难时勇敢地战胜困难。

故事设计意图：首尾呼应，通过生活中的励志小故事将主题引出来，再次增强学生勇气。

步骤8：带动唱《阳光总在风雨后》（结束期歌曲）

导语：同学们，《阳光总在风雨后》这首歌大家应该都很熟悉吧！不错，只有风和雨过去了，太阳才会出来；只有风和雨过去了，彩虹才能挂在天空中。英国浪漫主义诗人雪莱说过："冬天来了，春天还会远吗？"只要心中有希望，即使我们的人生陷入困境，我们也不会怨天尤人，因为风雨之后就有阳光；只要心中有希望，即使天空布满乌云，我们也不会垂头丧气，因为努力之后就有收获。

结语：同学们，让我们把苦涩的眼泪留给昨天，用不屈的毅力和坚定的信念去赢得美好的未来。请挺起你自信的胸膛，昂起你自尊的头颅，挺起你不屈的腰杆，在等待中不断努力、不断进取。请相信阳光总在风雨后，让我们扬起生活的风帆，在追寻人生阳光的路上高歌猛进吧！

歌曲意义：歌曲温情而又有力量，歌词简短押韵又很有感染力，就像慈爱的妈妈在与你对话，娓娓道来，陪你直面风雨；又像亲密无间的朋友，伴你勇敢成长，给我们增添勇敢的力量。

拓展链接：除了角色扮演，还可以让学生通过观看激励视频、读有关勇气的名人名言，受到感染，找到勇气和自信。

备选歌曲：《隐形的翅膀》《最好的未来》《奋斗》《逆行者》

【活动感悟】

教师：学生能全程投入活动，特别是带动唱《孤勇者》环节，同学们的情感得到了深化，现场氛围比较热烈。同学们的积极性被完全调动，建立起了一个积极、健康、融洽的班级心理环境。

学生：当老师让我写下做过的最勇敢的一件事时，我想了好久，好像没有什么特别勇敢的事，但是困惑的事比较多。后来看了抗击疫情的宣传片，并跟着老师唱跳《孤勇者》后，简洁有力的动作和励志的歌曲，让我觉得自己全身充满勇气，立志要做片中的逆行者，主动参与班级管理，承担部分工作，勇敢面对各种困难。

第三专题　仁慈与爱

【活动主题】

美美共育，在班级中绽放爱之花。

【活动介绍】

爱，在教育中是很重要的，用真情对待每一个学生，是班级管理中最有力的手段。班主任在班级管理中，既要做好学生的思想工作，又要注意搞好与其他老师的关系，还要处理好学生中许多无法预见的问题，做好各项工作。同时，还要不断地学习教育教学理论，提高自身的素质，做好教学工作。要想管理好班级，还得靠一个字——爱。

【培训必要（背景情况）分析】

现在的学生大多都是独生子女，从小被双亲呵护着，对人缺乏信任和安全感，常以自我为中心，习惯把意志强加于他人，不懂得如何与人沟通、表达爱意和关心别人，排斥和逃避融于集体生活，但他们内心都渴望被爱与关怀。通过活动，建立学生与学生之间沟通的桥梁，让学生明白爱会让我们勇敢面对学习、生活中遇到的问题；爱拉近了学生之间的距离。只要心中有爱，积极面对美好的校园生活，创造充满爱的班集体，班级管理就会得心应手。

【活动目的】

（1）使学生认识到同学之间友谊的重要性，学会仁爱是一个人最基本的道德素养。

（2）树立班级奋斗目标，建设健康的班级文化，充分发挥学生的主观能动性，形成良好的管理班风。

（3）培养学生的集体荣誉感，形成班级凝聚力，形成友好信任、宽容理解的班级氛围，有利于班级管理和良好风气的形成。

（4）学生通过本次活动，树立班荣我荣、班衰我耻、团结一心的观念，在今后的学习生活中以实际行动为班集体增光添彩。

【活动形式】

游戏、分享讨论、带动唱。

【关键词】

爱、友善、沟通、包容、精神信念。

【活动步骤】

步骤1：热身小游戏《快乐的掌声》《爱的享受》（热身期游戏）

《快乐的掌声》：同学们好，我在这里先跟大家打个招呼，请在场的老师、同学们也同样用独特的问候和手势回应我，左手代表健康，右手代表快乐，现在让健康快乐的掌声响起来。掌声再热烈一点、意志力再集中一点、力量再集中一点、精神再集中一点！

《爱的享受》：同学们，为了让爱的传递过程充满乐趣，而同学们又能始终精神饱满，下面请所有同学一起来玩一个集体按摩的游戏：音乐响起，请全体学生起立、向右转。每列最前面的人，一起来拍拍手。后面的同学依次把手放到前面同学的肩膀上捏一捏，接着揉一揉太阳穴，再接着按一按肩膀，再敲敲背部，最后按一按大腿和小腿，问："大家感觉如何，舒服吗？""这爱的服务你满意吗？"按摩的顺序为肩膀、太阳穴、肩膀、背部、大腿、小腿。全部按摩完毕后，导师说"爱的付出终会有回报"，然后请所有同学向后转，将刚才所有的按摩流程再做一遍。

游戏设计意图：通过一些热身小游戏，带动整个活动的气氛，打破学生们的拘束感。

步骤2：带动唱《竹兜欢乐跳》（热身期歌曲）

导语：同学们，让我们一起放松一下，请像我一样，先自然站立，然后双手伸展，伴随这首充满动感的音乐，跟我一起来律动一下吧。

结语：让我们用肢体语言放松心情，把所有坏情绪的包袱在音乐的律动中统统甩掉。

歌曲意义：通过简单的伸展动作，完成游戏前的小热身，达到锻炼身体的效果，同时舒缓情绪，放松心情。

步骤3：《爱的三重奏》《爱心早餐》（互动期游戏）

主持：在生活中，我们需要传递爱和鼓励，我们对别人的鼓励有一个节拍，叫作爱的鼓励。

爱的鼓励节奏：

爱要热情地表达出来，第一个节奏叫爱的热情；爱的热情：手掌绷紧，一起拍出爱的鼓励的节奏，再来一次，最后一次，买三送一，拍完之后问学生，手的感觉如何？痛就对了，爱的热情的别名叫作爱你爱到手痛。

爱要轰轰烈烈，第二个节奏叫爱的震撼；爱的震撼：用脚跺出爱的震撼的节奏，左脚跺两下，右脚跺三下，再左脚跺三下，右脚跺两下，老师演示后，全体学生一起跺出爱的震撼的节奏。

最后，爱需要有奉献精神，最后一个节奏叫作爱的奉献；爱的奉献：拍两下手掌、三下大腿，再拍三下手掌、两下大腿，老师演示后，全体一起做，拍出爱的奉献的节奏。

刚刚我们学会了爱的热情、爱的震撼、爱的奉献，这三个节奏一次性连续拍下来，叫作爱的三重奏，我们能一次挑战成功吗？老师演示后，全体学生一起拍出爱的三重奏的节拍。

主持：同学们，在《爱的三重奏》的铺垫下，我们做一个《爱心早餐》游戏，首先我们会先按照学生（或小组成员）人数设置角色（四肢健全、单手残疾、双手残疾、单腿残疾、双腿残疾、四肢全残、聋哑、眼盲等），用抽签方式抽出幸运儿。

游戏规则：

（1）抽到角色后，学生或成员不能与别人交换角色，并按照角色设定进行角色扮演，在导师宣布游戏结束之前，必须严格按照角色设定，不能有超出角色设定的行为出现，并提醒学生或成员注意安全，互相帮助。

（2）学生或成员前往导师处抽取角色（如有需要可以由导师派发角色纸，以达到导师想让该名学生或成员得到的效果和感悟）。

（3）导师在学生抽取角色后，留有三分钟时间给学生或成员讨论如何到达用餐的地点。

（4）学生或成员在导师的指导下进行角色扮演：

①眼盲的要用眼罩遮住眼睛；②单手残疾或是双手残疾的用三角巾把手吊在胸前；③单腿残疾或是双腿残疾的用绷带绑好腿，示意这是已经不能使用的肢体；④聋哑的用口罩罩住嘴巴，用纸巾堵住耳朵（如不喜欢口罩的，可以让学生或成员选择用绷带绑住喉咙的位置）。

（5）导师在得到小组准备好的回应之后宣布游戏开始。小组按照之前的讨论将不同的角色安全地带到用餐地点。导师在队伍行进时做好必要的保护工作。

（6）全组人员到达用餐地后，导师要再次提醒学生或成员角色扮演还在继续，并暗示学生或成员要互相帮助进行用餐。

（7）所需器材：角色纸、口罩、绷带、眼罩、三角巾、纸巾、餐具、餐点、音乐。

学生或成员全部用餐完毕并收拾好桌面后，让学生或成员原地坐好，解除角色限制，宣布游戏结束。

讨论分享环节： 接下来我想请同学们分享一下刚刚游戏的经验，刚刚接受卡牌扮演伤员的同学内心的真实想法与感受是怎样的？在带领过程中和用餐的时候遇到了哪些困难？是如何想办法克服的？下面我想请问一下过程中最让大家感动的是什么？其间有扮演伤员的同学不能动弹想要放弃，其余同学还是不愿放弃身边每一个同学，"拼命"地相互扶持到达用餐地点，只为大家一起顺利完成任务，当时大家的想法与感受是什么？

主持总结： 我观察到刚刚在游戏中抽到伤员的同学内心都是有抵触情绪的，特别是抽到四肢全残的那位学生或成员想放弃游戏，但其余同学不放弃自己的小伙伴，会立刻上前安抚其情绪做思想开导，在相互鼓励、相互打气、相互信任、相互帮助和相互依赖下抵达指定地点，完成爱心早餐任务。生活也是如此，每个人都会有彷徨无助的时候，能有同伴在身边，大家互相帮助、互相依赖的感觉是多么的珍贵和温暖。同学们，你们是一个集体，团结一致，共克艰难，有爱相伴，并肩同行，你们将走得更快，行得更远！

游戏设计说明： 利用游戏，让学生懂得仁爱，学会爱需要鼓励别人，爱要热情地表达，爱需要有奉献精神，学会爱的传递，作为一个班集体，相互扶持，增强互动沟通，增进同学之间的友谊。

步骤4：《恰同学少年时》（互动期歌曲）

导语：恰同学少年，风华正茂；书生意气，挥斥方遒。同学们，我们要用勇气和毅力迎接挑战、把握未来，勇往直前、永不言弃、不断学习、不断突破，用正义担当，互爱、互帮、互助携手共创美好明天。努力吧，少年们！

结语：同学们，我们要心怀一颗仁爱之心，好好学习、友善待人、互助互爱，勇敢地直面困难，不断迈出新的步伐，我们的人生将更加精彩！

歌曲意义：通过带动唱，传达我们要怀揣仁爱的初心，做诚实善良的人，不断奋发努力，同学、朋友之间的关爱、信任、鼓励与赞扬是我们前进路上战胜困难最强大的力量，同时心中有梦想，就不会迷失方向。

步骤5：突破难关《爱永不倒》《爱的旋风》（凝聚期游戏）

主持：同学们，准备好迎接挑战了吗？现在开始我们的第一个挑战《爱永不倒》（不倒森林），我们会给每位同学发一根PVC管，每人持一根活动杆围成一个圆，杆和杆之间保持大约半根杆的距离，右手掌心抵住杆的一端，将杆直立在地上，然后将右手掌心按到相邻的同伴的棒上，双脚跨立，左手背在身后，在杆不倒的情况下按照顺时针顺序迅速移动，杆不倒且连续移动10次方为本轮成功。导师会给同学们三分钟的练习时间，在这三分钟里，可以同学之间协调如何更稳、更快地完成任务。三分钟以后比赛正式开始，比赛总共会进行三轮，每轮用时最快的一组获3分，第二组获2分，第三组获1分，其余的组不计分，三轮结束后总分最高的那一组获胜。

游戏规则：

（1）不得用手抓杆，也不允许用身体其他部位接触杆。

（2）导师宣布比赛开始前，双脚开立，不允许移动。

（3）在换抓杆子的过程中，每次有一根倒了就算失败，重新开始。

（4）必须在连续换位，通常在按遍所有伙伴的杆后才算一次成功。

（5）活动过程中注意安全，个人穿运动鞋，并去除手腕上的表或饰物。

主持：刚刚的《爱永不倒》大家都表现得很棒，接下来我们开始另一个挑战——《爱的旋风》。玩法很简单，每个同学或小组成员都手拉手，面向圆心围成一圈，（每个小组都站好圆圈，拉好手后）任意选中一个位置，让其中两个同学松开拉在一起的手，把一个呼啦圈套在其中一个同学的胳膊上，让这两个同学重新拉起手，对其他小组做同样的处理，为了把呼啦圈传递一圈，每个成员都需要从呼啦圈中钻过，顺利转完一圈用时最短的小组获胜。

（游戏结束后）

小组讨论分享环节：恭喜同学们，在两个挑战中表现得都很出色，现在我想请同学们分享一下感悟和经验，第一个游戏《爱永不倒》刚刚开始时遇到了什么困难？有没有想过放弃？采取了什么策略进行调整？克服困难之后心里有什么感想？

在第二个游戏中，同样有难以克服的因素，比如身高差距大，大家是如何解决困难的？如何调整策略，发挥自己的优势？当看到伙伴卡住需要帮助的时候，有什么感想？当听到伙伴耐心指导如何快速通过的时候，感想是什么？当顺利完成这项充满挑战的任务时，感想是什么？

大组讨论分享环节：我看到同学们都分享了自己的感受和经验，接下来我还想请一些同学向大家分享他们的经验，当看到其他同学遇到困难时，他是如何帮助其他同学解决困难的？或自己遇到困难，其他同学是如何帮助他们的？当得到别人的帮助时，心里的感受是什么？

主持总结：谢谢同学们的分享，其实这两个挑战要说明的只有一点——爱的包容、相互分享、友好沟通和友善地帮助他人的重要性。第一个挑战游戏《爱永不倒》相信很多人都玩过，游戏虽然简单，但是如何做到步调一致，移动又快又稳，策略很重要，同时友好沟通也是必不可少的，刚开始的三分钟就是一个磨合的过程，只有在过程中不断调整和完善策略，用爱去包容别人的不足，友善地帮助他人进步，分享自己的经验与心得，加上有效的沟通和倾听，才能更快地完成任务。《爱的旋风》同样是考验包容、分享、沟通与互助，只有相互用爱包容不足，分享经验心得，友善地帮助同学，加上有效的沟通，才能更快更稳地突破极限完成任务。

友善待人、相互包容和友好沟通有多么重要，相信大家心里都明白，可在现实校园学习生活中，又有多少同学真正可以做到友爱地对待我们身边的每个同学，包容他们身上的缺点和不足，与其友好沟通、分享心得、相互进步呢？所以我们要从自身做起，同学之间要相互包容、相互帮助、友好沟通和友善对身边每个同学，这样，同学之间的矛盾争端将不复存在，从而彼此关系将更加和谐和融洽，我们的校园生活定然会更加美好、更加精彩！

游戏设计意义：

（1）学会爱的包容，增强学生之间的互动，建立学生之间沟通的桥梁。

（2）激发学生的仁爱之心，从而提高彼此之间相互包容、相互帮助、相互信任和合作的能力，携手面对困难和挑战。

（3）让学生们认识到倾听在沟通中的重要性。

步骤6：带动唱《朋友》（谭咏麟）（凝聚期歌曲）

导语： 同学们，在刚刚的游戏中，在我们低落不知所措时，是谁给予我们支持、鼓励与勇气？对，是我们身边的同学。在失意悲伤时，他们给我们以抚慰，在无助时，他们给我们以鼓励与帮助。同学情最珍贵，让我们用一首带动唱献给亲爱的同学们！

结语： 同学们，同学之间的友谊是世界上最纯洁的爱。它是宽容、关爱、牺牲与纯洁的结合体。在其中，我们获得一种被关爱的感觉与关爱别人的美好。友谊就像一束阳光，在你寒冷时，给你温暖；友谊就像一帖良药，在你生病时，将你治愈。学习上，我们相互激励，生活中，我们相互帮助，同学之间的友谊早已铭刻在我们的心中。我们应该珍惜友谊，珍惜同学之间的点点滴滴，珍惜美好的青春年华。

歌曲意义：《朋友》是一首经典歌曲，歌曲中饱含深深的友谊，通过带动唱的方式演绎出来，让同学们明白，无论世事浮华，无论春秋几度，无论人情冷暖，无论迢迢路途，同学情最真诚，同学情最无私，同学情最坦诚，同学情最知足。

步骤7：故事《管仲与鲍叔牙》（结束期总结）

主持： 今天和同学们分享一个有意义的故事。齐国有位叫管仲的宰相，他辅佐齐桓公成就霸业，执牛耳于诸侯。管仲少时有一名同窗好友叫鲍叔牙，两人总是形影不离。管仲家境贫困，因此他常编谎话骗鲍叔牙，分东西也多拿多占，然而鲍叔牙从未和他计较。两人成年后，由于辅佐的对象不同，成了政敌。最后鲍叔牙一方胜，管仲沦为阶下囚。但鲍叔牙力挺管仲，使他免于死罪，并设法使桓公原谅他，还请桓公任他为宰相。之后管仲果然大展身手，功成名就。他不禁感慨道："以前我贫困时，分赢利总是多拿多占，他了解我的困境，一点怨言也没有。后来，我常危害他，他不但不耿耿于怀，反而在我危难关头极力帮助。生我者父母，知我者鲍叔牙也。"

同学之间的人际交往中有一条"黄金法则",那就是你希望别人怎么对待你,你就怎样对待别人。爱默生说:"你信任人,人才对你忠实。以伟大的风度待人,人才表现出伟大的风度。"这实际上道出了人与人之间交往时的原则。在生活中,我们要心怀仁爱之心,友善对待身边之人,学会一起分享快乐,学会愉快友好地沟通,学会一起解决问题和战胜困难,这样我们的友谊之花才会开得更加灿烂,校园生活才更美好、更精彩!

分享环节:同学们,经过今天的课程,大家有所收获吗?今后对待同学的态度和方法会改变吗?有同学愿意和大家分享一下想法吗?

主持总结:谢谢大家的分享。就好像一滴水,只有放进大海才不会干涸,花离开了养育它成长的土地就会凋谢。而人,离开了班级就失去了智慧和力量的源泉,就不能成长、进步。个人,只有融进集体,才能展现他的才华和价值,所以个人不能离开集体。让我们发挥自己的力量,发挥我们集体的力量,努力地去思考,认真地去总结,让我们体会到"集体的凝聚力"是多么重要。心怀仁爱之心,感恩这份友谊,友善对待同学,耐心倾听与沟通,学习、生活中相互扶持帮助,一起携手共创美好未来!

故事设计意图:首尾呼应,通过生活中的小故事将主题引出来,再次强调活动主题,立德树人,培养学生仁爱之心,学会友善对待他人,学会相互关怀和分享爱,学会友好沟通协调关系。

步骤8:带动唱《万友引力》(梁正)(结束期歌曲)

导语:时光带走了我们童年的纯真,岁月开启了我们少年的懵懂,而同学之间结下的情谊是一片真诚的心灵花瓣,是一种千金难买的情缘。有一种感情叫老同学,有一种感动叫"因为,我们是同学"。同学们,从今天起,我们要好好珍惜同学之间的友谊,怀揣一颗仁爱之心,坦诚待人懂感恩,祝愿这份情谊天长地久!

结语:正是因为同学的存在,才会让我们的生活充满阳光和彩虹。让我们感恩同学,感恩同学像大地一样以博大的胸怀包容我们,感恩同学像鲜花一样带给我们芬芳,感恩同学像玉露一样滋润我们的心田,感恩同学像清风一样带给我们清爽。

歌曲意义:以带动唱的形式,用朴素的歌词表达同学之间纯洁真诚的感情,传达对同学朋友的感谢和爱,教会孩子感恩和珍惜友谊。

拓展链接：通过讲座《友爱励志讲话》的方式，增强同学之间的感情，提高班级凝聚力。

备选歌曲：《同学》《友共情》《友情友义》。

【活动感悟】

导师：学生在活动中都很投入，尤其是带动唱《万友引力》环节，同学们用感恩的情绪将歌曲唱出来，加上简单的动作，使整体情感得到升华，将现场的活动氛围推到最高点，互爱互助精神在挑战游戏中得到了深化，达到了此次活动的目的。

学生：通过活动，我学会了心怀仁爱之心，友善地对待身边每个同学，包容别人的缺点与不足，相互扶持帮助同学，彼此友好沟通，减少不必要的矛盾与纷争，促进彼此关系更加和谐和融洽，让我们的校园生活更和谐、更精彩！

第四专题　团队精神

【活动主题】

培养团队精神，提升班级凝聚力。

【活动介绍】

凝聚力是班级管理的起点，凝聚力的强弱会直接影响到一个班级的健康发展。努力做好学生的思想工作，使全班同学心往一处想、劲往一处使，一个勤奋、团结、向上的班集体自然就会慢慢形成。优良班风对学生学习进步和思想品质的健康发展有着潜移默化的作用，好的班风具有很强的凝聚力，建设一个团结进取、勤奋学习、严谨治学，具有求实态度、创新精神的优良学风的班级，能教育、鼓舞、熏陶班级每位成员产生向心力和凝聚力，促使学生奋发向上、积极进取、健康成长。而抓学风建设的意义就在于要利用这种力量使学生在耳濡目染和潜移默化中受到教育。

【活动必要（背景情况）分析】

目前的小学班级中很多学生都是独生子女，生活中没有自律意识，缺乏责任心，耐挫能力弱，不利于教师对学生的管理，影响班级管理的效率。要想让他们凝聚成一个整体，首先要做的就是做好班级成员思想工作，创建和谐、融洽的班集体。一个班级如果没有凝聚力，班级成员就会像一盘散沙，抓不住、聚不拢，混乱不堪，班级各项教育活动自然也难以开展。因此，班集体凝聚力的培养是关键。

【活动目的】

（1）通过开展活动，增强班内学生的集体荣誉感，加强集体主义教育，形成集体意识和主人翁意识。

（2）明了团结合作的重要性，培养团队精神，增强班级凝聚力，同心协力促进团体的进步。

（3）班级活动既是教师全面育人的重要载体，也是提升班级凝聚力的重要途径。开展班级活动使学生在活动中得到实际锻炼，增强其团结协作的团队意识。

【活动形式】

游戏、分享讨论、带动唱。

【关键词】

领导力、团队精神、合作、沟通。

【活动步骤】

步骤1：热身小游戏《健康快乐的掌声》《各国礼仪》《抓一个梦想在手上》（热身期游戏）

《健康快乐的掌声》：同学们，大家好。请伸出代表健康的左手跟我打声招呼，右手代表快乐，请伸出快乐的右手跟我打声招呼，现在让我们将健康快乐的掌声响起来！

《各国礼仪》：感谢同学们的配合，其实除了我们刚刚打招呼的方式，还有很多其他的方式，接下来我将带大家走进世界各地，一起来欣赏属于他们国家的打招呼方式，同时请同学们一边欣赏一边用同样的方式向你身边的同学打招呼。

《抓一个梦想在手上》：现在我们来玩一个小游戏，大家先将左手掌心向下，右手竖起食指，放在左手的掌心下面，等一下我会讲一个故事，当大家听到抓字的时候，就用左手抓下去，同时右手要记得缩走。故事如下，同学们，我们要努力读书，从小学入学第一天开始，我们就要懂得抓紧时间学习，在课堂上要认真听课抓重点，课后认真复习；我们要孝敬父母，他们在我们生病的时候会照顾我们；我们也要听老师的话，他们对我们的学习和生活实行两手抓，不是父母却胜似父母，我们要抓住百日誓师这个大好机遇，在未来的学习中将自己抓好，排除干扰，努力奔跑，牢牢地把美好的梦想抓在自己的手中。

游戏设计意图：通过一些热身小游戏，减少学生之间的陌生感，将整个活动的氛围带动起来。

步骤2：带动唱团歌《光荣啊，中国共青团》（热身期歌曲）

导语：青春一脉相承，青春凝聚成中华民族屹立于世界的磅礴力量！让我们在开始活动前，唱出我们的青春之歌，用心去感受激昂的青春！

结语：我们要有不怕失败、不怕委屈、不怕吃苦的劲头。我们的学习、生活千头万绪，矛盾错综复杂，冒冒失失少不了碰一鼻子灰，当自己的想法难以实施或被拒绝时，心里肯定会感到委屈，这时就要鼓起"初生牛犊不怕虎"的劲头，敢于去碰钉子、找突破、求上进，在服务班集体的道路上且行且坚定，在为班级谋利益的不懈奋斗中书写人生华章。

歌曲意义：歌曲不是抽象的符号，也不是单一的旋律与文本，而是艺术性与思想性的统一。团歌具有厚重的历史价值、崇高的审美价值、重大的时代价值和重要的教育价值。增强团组织的吸引力和凝聚力，帮助学生树立正确的理想信念，激发其历史责任感和奋斗热情。

步骤3：寻找组织（互动期游戏）

主持讲解规则：同学们，现在导师会发给每位学生一张写着字的纸片，拿到后不许出声，先自己看一下纸片上写了什么，然后听我口令去寻找你的组织，能组成同一首诗歌的就是同一组，整个过程中同学们要用无声、非语言的方式进行沟通。找齐组员的一组可示意导师过来检查核实，核实无误后，方为成功。好，听我口令：现在同学们可以拿着纸片，寻找你们的组织了。

大组讨论分享环节：接下来我想请同学们分享一下你们刚刚的游戏经验，大家刚才是通过什么方式找到自己的组织的？在寻找的过程中，遇到了哪些困难？是如何面对困境、克服困难，最终找到解决的办法的？有没有遇到一些让你哭笑不得的环节或者让你触动的瞬间？当发现了办法，别人却不相信你的时候，你是如何处理的？大家可以将自己的感想说出来。

主持总结：我观察到刚刚在游戏中很多同学都很迷茫，不知道是根据什么分组的，但是后来在其他人的帮助下，同学们都找到了自己所在的小组。在不知道自己是哪首诗歌时，合作是很重要的，不仅是游戏需要，在我们为班级工作的过程中也同样需要。"培养团队精神，提升班级的凝聚力"就是我们活动的主题，也是我们的学习核心，希望同学们在接下来的挑战中，也能通过团队合作突破一关又一关，取得成功。

游戏设计说明：利用分组游戏让同学之间有初步的沟通，同时带出活动的主题，为接下来的活动做铺垫。

步骤4：带动唱《小苹果》（互动期歌曲）

导语：同学们，让我们伸出双手，拥抱快乐。让新时代的我们，把热情带给身边的小伙伴，让我们一起用小苹果用热情感染大家！

结语：用肢体语言，谱写青春华美的乐章；激荡的旋律，喷吐青春如火的热情；我们共同参与，享受年轻的快乐；我们共同舞动，让青春更加美好！让我们在律动中唱响，我们拥有今天；让我们在热舞中畅想，我们即将拥有明天！

歌曲意义：通过简单的伸展动作，完成游戏前的小热身，达到锻炼身体的效果。同时帮助同学们陶冶美的情操，增强大家相互之间的联系，提升凝聚力。

步骤5：突破难关《数字传递》《无敌风火轮》（解难期游戏）

主持：同学们准备好迎接挑战了吗？现在开始我们的第一个挑战《数字传递》，各组排成一列，每个人这时候就相当于一个驿站，导师会把一个带有七位以内的数字信息卡片交到最后一位同学的手中，同学们要利用自己的聪明才智把这个数字信息传到最前面这位伙伴的手中。当这位伙伴收到信息以后要迅速举手，并把信息写在纸片上交给最前面的主持人，比赛总共会进行三轮，每一轮最快的一组获三分，第二组获两分，如此类推，三轮结束后总分最高的那一组获胜。在信息传递的过程当中我们会有一些规则来约束。

游戏规则：

（1）游戏开始后不能讲话，不能回头。第一轮没有沟通时间，直接开始。第二轮各组有三分钟的讨论时间，最后一轮再给三分钟讨论时间。

（2）后面的伙伴的任何身体部位不能超过前面人身体的肩缝横截面以及无限延伸面。

（3）当信息传到最前面的伙伴手中时，这位伙伴要迅速举手示意，并把信息交到主持人手中，计时会以举手那一刻为截止时间。

（4）不能传递字条和扔字条。

主持：同学们在《数字传递》中的表现很棒，接下来我们开始另一个挑战《无敌风火轮》，玩法很简单，每组利用报纸和胶带制作一个可以容纳全体团队成员的封闭式大圆环，将圆环立起来，全队成员站到圆环上利用边走边滚动大圆环的方式，从起点走到指定的终点。好，现在开始制作圆环。

（游戏结束后）

小组讨论分享环节：恭喜同学们，在两个挑战中的表现都很出色。现在我想请同学们带着几个问题进行小组分享，与你们的组员分享你的感想和经验。在第一个游戏中，大家是如何向接收者传递数字的？你们觉得是否需要告知接收者自己要传递的数字是几位数？在传递过程中，万一错了怎么办，应该怎么告诉接收者？当动作完成时，该如何告知接收者？

在第二个游戏中，大家是如何齐心协力制作出一个不会断的大圆环的？在走动的时候大家的步伐是如何调整到节奏统一并且能顺利滚动圆环的，是有人在前方带领整个小组向前进还是大家一起喊口号前进的？

大组讨论分享环节：我看到大家在小组里都很积极地讨论，接下来我想请一些同学向大家分享他们的经验，说说他们在游戏中是如何表现自己的专长的？当小组遇到困难时，他是如何帮助小组解决困难的？

主持总结：谢谢同学们的分享，其实这两个挑战要说明的只有一点——统一的沟通方式（渠道）对沟通效果的重要作用。在第一个挑战游戏里，传递数字的方式有很多，传递者和接收者在没有协商的前提下，"沟通"必然会出现问题；第二轮和第三轮各给了参与者三分钟的协商时间，为什么还会出现问题？沟通渠道的建立是一个复杂的工程，它需要考虑很多方面的问题（如完成指令、错误指令等），加上在沟通时间有限（三分钟）的情况下，这些问题很难在前期就考虑周全，只有在游戏的过程中不断地发现和完善，有效沟通的渠道才能建立，成功也就很自然了。《无敌风火轮》也是同样的原理，如果没有合作，没有沟通，整组成员是不可能齐心协力从起点走到终点的。

教育家马卡连柯曾说："不管用什么样的劝说，也做不到一个真正组织起来的、自豪的集体所能做到的一切。"也就是说，一个优秀的班集体离不开科学、合理的管理。在班级的日常管理中，要制定适合本班实际的管理措施。管理贵在落实，也难在落实。没有落实，再科学、合理的制度也是一纸空文，再理想的目标也不会实现。为了破解这一难题，在班级各项管理制度制定后，教师会分解管理任务，鼓励所有学生都积极参与班级管理。

"火车跑得快，全靠车头带。"良好的班风、学风的形成，离不开先锋模范的带头作用。因此，精心选拔、培养班级干部尤为重要。老师也会给予充分的信任，从而发挥好班级干部的带头作用，引导学生自主管理班级。

游戏设计意义：

（1）培养同学养成制订计划、组织协调以及沟通的能力。

（2）激发同学为集体奉献、团结一致、密切合作、克服困难的团队精神。

（3）提高同学综合解决问题的能力，认识到倾听在沟通中的重要性。

步骤6：带动唱《团结就是力量》（解难期歌曲）

导语：团结就是力量，就是胜利。要做好我们的工作，适合用加法，即把各种积极因素都凝聚起来；不适合用减法，即力量会分散跟抵消。我们是社会主义国家，我们有共同理想、共同利益，集中起来办大事是我们的优势。

结语：如果说，有一种力量可以让人坚韧不拔，那便是团结的力量；如果说，有一种力量可以让人自信满满，那便是团结的力量；如果说，有一种力量可以让人心头一暖，那便是团结的力量。

歌曲意义：《团结就是力量》在青少年中熟悉度极高，将一首充满正能量和士气的歌曲，通过带动唱的方式演绎出来，学生们能明白团结的力量有多大，只要大家团结起来就能冲破难关，以此提高学生的积极心理，提升团队精神，将整个活动的氛围推到最高点。

步骤7：小故事《蚂蚁搬面包》（结束期总结）

主持：今天傍晚，我吃面包时掉下了一块。过了一会儿，我发现爬过来几只小蚂蚁，它们钻到面包底下，用力地拱啊拱啊，可是面包纹丝不动，然后那几只小蚂蚁就爬走了，只留下一只守在面包旁边。几分钟后，几只小蚂蚁带着一大群蚂蚁浩浩荡荡地来了。蚂蚁大军来到面包片旁边，有的钻到面包下面扛，有的在前面拖，有的爬到后面推，可还是搬不动。于是，又有一些蚂蚁爬走了，大概又去找帮手了。

后来，更多的蚂蚁从四面八方赶来。它们爬到面包上，咬呀咬，把面包咬成了好多片，然后蚂蚁分成了几队，拖的拖，拉的拉，扛的扛，分别把面包搬进洞里。我耳边好像奏起了"团结就是力量，团结就是力量"。

蚂蚁是众所周知的最团结的动物了：虽说一只蚂蚁像粒芝麻一样小，力量也很小，人们一脚就可以把它踩死，更不用说要咬死一个人了，可是成千上万只蚂蚁就可以将一个人置于死地！

有人说过："你是一颗星，我是一颗星，缀成集体这条星河；你是一棵草，我是一棵草，铺成集体这块绿茵；你是一朵花，我是一朵花，镶成集体这个花圃……"是啊，集体的力量无限广大。是一只只小蚂蚁让我感受到了团结的力量。看着小蚂蚁搬面包的情景，我忽然懂得了"集体力量大无比"这句话的含义。以后我们做任何事情都要学习蚂蚁们团结一心的精神！这样就会一举两得，双喜临门。从此我对蚂蚁有了新的认识，我再也不敢瞧不起它们了！

大组分享环节：同学们，经过今天的课程，大家有所收获吗？对今后的工作方向和态度会有影响吗？有同学愿意和大家分享一下你的想法吗？

主持总结：谢谢同学们的分享。是的，团结就是力量，只要有团结，一切困难都可以迎刃而解；只要有团结，任何敌人都可以战胜，一个集体如果不团结就是一盘散沙。

故事设计意图：首尾呼应，通过生活中的小故事将主题引出来，再次增强同学们的团队合作精神，提升凝聚力。

步骤8：带动唱《青春力量》（结束期歌曲）

导语：大爱成川、共同担当，让青春散发光芒。奉献真情、壮志飞扬，为了明天我们传递爱的能量……奥运会上的体育健儿，他们在赛场上，无所畏惧，不怕失败，勇于表现自己，也让我们看到了现在多元化更包容的社会以及中国的力量。我们可以彰显自己的青春活力，带动大家，给他们一些鼓励，增添一些活力，让工作变得更有意义、更有色彩。而想要贡献自己的力量，就要去做好事，对青少年来说，有一种独属于我们自己的力量，这就是青春的力量。青春的力量就是让我们有更多的动力，为了未来的理想而学习、奋发进取，传递正能量。

结语：少年强，则国强，青少年是人一生中精力、体力、创造力最为充沛的阶段。新时代的中国青年当把握好这个阶段，发扬五四精神，树立远大理想，担当民族振兴的责任，以实际行动践行担当与责任，推动祖国不断向前。

歌曲意义：通过歌曲鼓励学生奋发进取，激发斗志，再次加强学生的责任心，友爱互助共成长，提升整个班级的团队精神。

拓展链接：通过讲座《励志讲话》的方式，增强同学们的工作责任心，提高班级凝聚力。

备选歌曲：《中国青年志愿者之歌》《逆光》《不放弃》《我的中国心》

【活动感悟】

导师：学生在活动中都很投入，让我明白了要多鼓励学生积极参加各类文体活动，不断增强体质、丰富精神、锻炼能力。同时，还要及时掌握来自学生的信息反馈，加以引导，促其升华，引导学生主动抓住学习和锻炼自己的机会。在活动中，可以进一步增进师生心与心的距离，促进班级和谐融洽，为班级发展齐努力、共奋斗。同时对学习有困难的学生要加强心理疏导，消除或减轻其心理担忧，使之鼓起勇气战胜困难、突破自我。通过确立切实可行的奋斗目标激发学生的进取心，不断奋勇争优，从而提升班级凝聚力。

学生：通过这次活动，我对班集体工作有了更深的认识，进一步增强和激发了自己做好班级工作的信心和决心。在下一步工作中我要用我的激情，不断创新班主任交代的工作。同时我也看到了自身工作中的不足，不够细致、有待加强，我的表达能力更有待提高，自己的工作方式方法也要加强。